Hartmut Großer

# Apollo 20

## Eine Mondlandung, die angeblich nie stattgefunden hat

Hartmut Großer

# Apollo 20

## Eine Mondlandung, die angeblich nie stattgefunden hat

*„Apollo 20"*
2. Auflage Mai 2016

Ancient Mail Verlag Werner Betz
Europaring 57, D-64521 Groß-Gerau
Tel.: 00 49 (0) 61 52/5 43 75, Fax: 00 49 (0) 61 52/94 91 82
www.ancientmail.de
Email: ancientmail@t-online.de


Umschlaggestaltung: Hartmut Großer/Sandra Schmidt

**ISBN 978-3-95652-120-1**

# Vorwort

Im April 2007 veröffentlichte ein Mann, William Rudledge, einige Filme auf YouTube, welche Aufnahmen einer geheimen sowjetisch-amerikanischen Mondmission zeigen. Hierbei soll es sich um die ultrageheime Apollo-20-Mission handeln.

Ziel der Mission war die Untersuchung eines großen zigarrenförmigen Objektes und weiterer kleinerer Objekte in dessen Umgebung auf der dunklen Seite des Mondes, welche während der Apollo-15-Mission von 1971 vom CSM aus fotografiert wurden.

Das Buch stellt das Ergebnis meiner Recherchen über das Ereignis und die inoffiziellen Zusammenhänge dar.

Mein Dank gilt William Rudledge, ohne dessen selbstlose und mutige Tat wohl niemals etwas darüber an die Öffentlichkeit gedrungen wäre. Des Weiteren danke ich auch allen meinen anderen Informanten, die aus begreiflichen Gründen nicht genannt werden wollen, ohne die diese Dokumentation aber nicht entstanden wäre.

*Hartmut Großer*

# Inhalt

# Einleitung

Grundsätzlich gibt es in jedem Staat, ob demokratisch oder diktatorisch ausgerichtet, immer zwei Regierungen. Zum einen ist es die politische Führung und zum anderen sind es die Geheimdienste bzw. das Militär, wobei die beiden letzteren zusammenarbeiten und die wirkliche Macht besitzen. Deren Projekte bleiben, bis auf wenige Ausnahmen, streng geheim, während die Politiker meinen, dass sie die Regierungsgewalt haben und mit ihren Aktivitäten in der Öffentlichkeit stehen. Die beiden Supermächte UDSSR/Russland und die USA im sogenannten „Kalten Krieg" (auch noch heute) sind hierfür richtungsweisend. Die politischen Führer haben versucht sich gegenseitig auszuspielen, jedoch arbeiteten die Militärs im Geheimen zusammen und führten auch gemeinsame Projekte durch. Dabei ging es im Wesentlichen um Macht und Waffentechnologie, denn nur durch das gegenseitige politische Hochpuschen war es möglich, ein immens großes Arsenal an hochmodernen Vernichtungsmitteln und Waffenträgern zu schaffen. Hierbei hatte man nicht den Gegner auf der Erde im Auge, sondern lenkte seine Aufmerksamkeit heimlich auf die Verteidigung des erdnahen Raumes. Außerirdische UFOs (und natürlich die 3. Macht) waren (und sind) den Geheimdiensten (KGB/FSB und CIA/NSA) sowie den Militärs (und wenigen eingeweihten Politikern) äußerst suspekt und für sie immens gefährlich.

Das beste Beispiel für den Gegensatz zwischen Politik und Militär ist die Raumfahrt beider Staaten, denn in der Öffentlichkeit wird von den Politikern demonstrativ der Erfolg der Wirtschaft und Forschung mit den zur Verfügung stehenden Mitteln präsentiert. Das Militär, kombiniert mit den Geheimdiensten, besitzt jedoch wesentlich mehr Möglichkeiten, weil es sich nicht an die bestehenden Gesetze und Menschenrechte hält. Durch allerlei unüberprüfbare Faktoren (z. B. außerirdische Technologie, gestohlene Erfindungen, Morde, hohe Summen an Schwarzgeldern, Geheimbasen, usw.) schaffen sich so diese Gremien eine Technik im Untergrund, die der normalen Forschung um etwa 50 - 100 Jahre im Voraus ist. Aus diesem Grund können die Politiker auch alles, was möglicherweise bekannt wird, glaubhaft und erfolgreich dementieren, weil sie davon nichts wissen.

In der Raumfahrt gibt es deshalb zwei große Bereiche, auf die wir unser Augenmerk richten müssen:

1.) **Die „schwarze Raumfahrt", der geheimdienstlich/militärische Teil beider Staatengebilde und**

2.) **die „offizielle" Raumfahrt, publiziert über die Politik und kommerzielle Wissenschaft.**

Um sich einen Überblick über das gesamte Geschehen, das zu dem Apollo-20-Flug geführt hat, zu verschaffen, muss man sich zunächst die geschichtlichen Zusammenhänge beider Bereiche ansehen. Wobei der erste Teil (die „schwarze" Raumfahrt) nur in einem kurzen Ablauf wiedergegeben ist, da er sonst den Rahmen dieses Buches sprengen würde. Aber die wichtigsten Punkte sind dargestellt.

# Die 3. Macht (Erläuterung)

Ab Mitte 1943 begann die Führung des Deutschen Reiches nach und nach hochrangige Wissenschaftler, die sich mit Vril- und Haunebu-Rundflugzeugen sowie Gravitationsmaschinen und Geräten zur Erzeugung freier Energie auskannten, in Geheimbasen abzusetzen. Hierfür wurden entsprechende Flugscheiben und die neuen „Walter-Uboote" eingesetzt. Neben der intelligenten andersdenkenden Elite Deutschlands, gehörten zu den exportierten Menschen Ingenieure und Techniker aller Sparten, eine große Menge loyaler Soldaten mit ihren Waffensystemen und die komplette Technologie zum Bau von neuen Stützpunkten mit entsprechenden Fertigungsanlagen. (Diese Menschen verschwanden einfach überall auf den Schlachtfeldern sowie in den bombardierten Städten und sind bis heute nirgends aufzufinden. Lediglich endlos lange Vermisstenlisten der Rettungsdienste zeugen davon, Anm. d. Autors)

Erst als die Wehrmacht kapitulierte und den Alliierten bei der Untersuchung von vielen Geheimanlagen der deutschen Forschungsstätten Unterlagen über unerklärliche Waffensysteme in die Hände fielen, begriffen die Militärs, wie überlegen ihnen die Denkweise der deutschen Wissenschaftler war. Gleichzeitig bekamen sie mit, dass ihnen die wichtigsten Geheimnisse deutscher Hochtechnologie nicht in die Hände gefallen sind und die zugehörigen Wissenschaftler und Techniker ebenso wenig. Da zu diesem Zeitpunkt lediglich zwei Großmächte auf der Erde existierten, nämlich die USA und die Sowjetunion, begann man zu fürchten, dass die „geflohenen" Deutschen in Geheimstützpunkten, wie die in der unbekannten Basis 211 in der Antarktis und einigen anderen überall auf der Welt, eine neue Machtkonstellation gegen die Alliierten etablieren würden. Auf Grund der festgestellten Hochtechnologie setzte man diesen Faktor den beiden Superstaaten gleich und benannte sie als 3. Macht. Mittlerweile vermuten die US- und russischen Geheimdienste und einige eingeweihte Politiker die Stützpunkte dieser so genannten 3. Macht auf einem anderen Planeten (Mars) und gehen davon aus, dass diese ihre Rückkehr mit erweiterter militärischer Technologie vorbereitet, um die Struktur der ehemaligen Alliierten zu zerbrechen und die Macht auf der Erde zu übernehmen.

# Die „schwarze Raumfahrt", der geheimdienstlich/ militärische Teil beider Staatengebilde

## 1. USA

### Ab Juli 1945

Auswertung erbeuteter deutscher Raketen- und Flugscheibentechnologie auf „Homy Airport" (später Area 51 mit der Basis Groom Lake AFB und dem unterirdischen Komplex Dreamland).

In den letzten Tagen des 2. Weltkrieges gab es einen Wettlauf zwischen den US-amerikanischen Truppen und der Roten Armee auf das Jonastal bei Arnstadt in Thüringen, wo sich das letzte Führerhauptquartier befand.

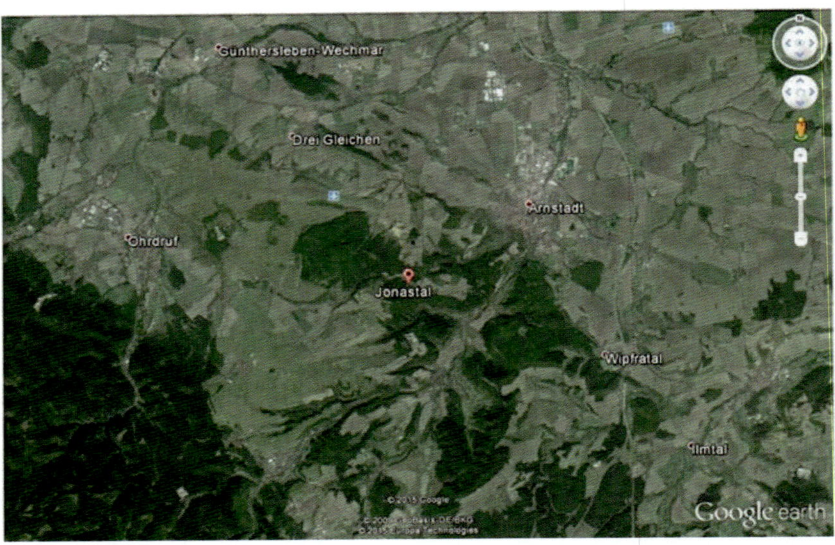


*Abb. 1: Karte mit Lage des Jonastals*

In die Talhänge war durch die KZ-Häftlinge von Dora IV ein gigantisches Netz von Gängen und riesigen Fertigungshallen in mehreren Etagen getrieben worden. Verbindungsstollen mit Eisenbahnschienen führten zu den anderen unterirdischen Fertigungsanlagen und Versorgungsbetrieben im Harz, wo die letzten Hochtechnologiewaffen des Naziregimes hergestellt wurden. Aber hier im Sonderbau S III, der Göring selbst unterstellt war, vermuteten die Militärinspektoren der Amerikaner und Sowjets die letzten Geheimnisse des NS-Regimes.

Nur wenige Tage vor der Roten Armee erreichten die Amerikaner das „fluchtartig" verlassene Bunkersystem und drangen in die obersten Stockwerke ein. Sie schleppten alle von ihnen gefunden Konstruktionsunterlagen und sonstige Aufzeichnungen aus den prunkvoll ausgestatten Büros zu den LKWs, die für den Abtransport bereit standen. Insgesamt waren es über 250 Tonnen Material hochtechnologischer Aufzeichnungen, die sie erbeuteten. Die tiefergelegenen Stockwerke trauten sich die Soldaten nicht zu untersuchen, da sie der Meinung waren, alles wäre von der SS vermint worden.

*Abb. 2: Aggregat 4 (V2)*

*Abb. 3: Fieseler Fi 103 (V1)*

*Abb. 4: Horten IX*

Churchill, der am zweiten Tag die Anlage besuchte, ließ sich einige Dokumente zeigen und nahm einen ersten Einblick in die technischen

Unterlagen. Daraufhin sagte er bestürzt: „Wir können froh sein, dass es vorüber ist. Die Deutschen sind uns hoch überlegen. Hätte der Krieg noch ein halbes Jahr länger gedauert, wären wir mit Flugmaschinen und Waffen angegriffen worden, von denen wir keine Vorstellung haben." Anschließend ließ er die Kisten mit dem Beutematerial mit der höchsten Sicherheitsstufe versiegeln und abtransportieren.

Ein paar Tage später erreichte die Rote Armee Arnstadt und besetzte mit Billigung der Amerikaner das Gebiet des Jonastals. Auch die sowjetischen Soldaten untersuchten lediglich die Bürostockwerke und konfiszierten das, was den Amerikanern nicht in die Hände gefallen war, für die eigene Auswertung. Danach wurde der Bereich zwischen Ohrdruf und Arnstadt zum Sperrgebiet erklärt.

Mit Sicherheit haben beide Supermächte die deutschen Hochtechnologieunterlagen in ihre geheimen Forschungsstätten verbracht, um sie dort für ihre Zwecke nutzbringend anzuwenden.

Noch heute sind die damals erbeuteten Dokumente von den US-Amerikanern als so geheim gekennzeichnet, dass Bundeskanzlerin Merkel auf Anforderung der Herausgabe im Jahr 2012 nur 256 Kilogramm des Materials, total geschwärzt, zurück erhalten hat.

**4. Juli 1947**

UFO-Absturz in Roswell und Magdalena

Über New Mexico kollidierten am 4. Juli 1947 zwei Flugscheiben am Kreuzungspunkt irdischer Gravitationslinien und stürzten in unterschiedlichen Regionen ab. Eine der Absturzstelle befand sich nördlich von Roswell, die andere auf der Ebene von San Augustin, in der Nähe des Ortes Magdalena.

Nachdem zuerst das Militär den Absturz einer außerirdischen Flugscheibe an die Presse gegeben hatte, erfolgte am nächsten Tag ein Dementi mit einem großangelegten Vertuschungsversuch. Obwohl inzwischen das FBI Unterlagen über die Untersuchung des damaligen Vorfalls mit dem bestätigten Absturz freigegeben hat, hält die US-Regierung an der Vertuschung fest.

Die geborgenen Wrackteile und Reste der Flugscheiben wurden zuerst in die Wright-Patterson Air Force Base verbracht und später in der Papoose Base S4 eingelagert.

**Ab Mitte 1947**

Zu diesem Zeitpunkt erfolgte der Ausbau der bisher provisorisch erstellten Geheimbasis am Papoose Lake. Damit niemand etwas davon erfährt und das Gelände auch nicht durch hochfliegende Flugzeuge aufgeklärt werden konnte, wurde die Basis S4 komplett in das Gebirge am Rand des Salzsees getrieben. Neben zwei getarnten Personenzugängen existieren heute neun große Hangars, deren Tore dem Felsen angeglichen sind, damit sie nicht entdeckt werden.

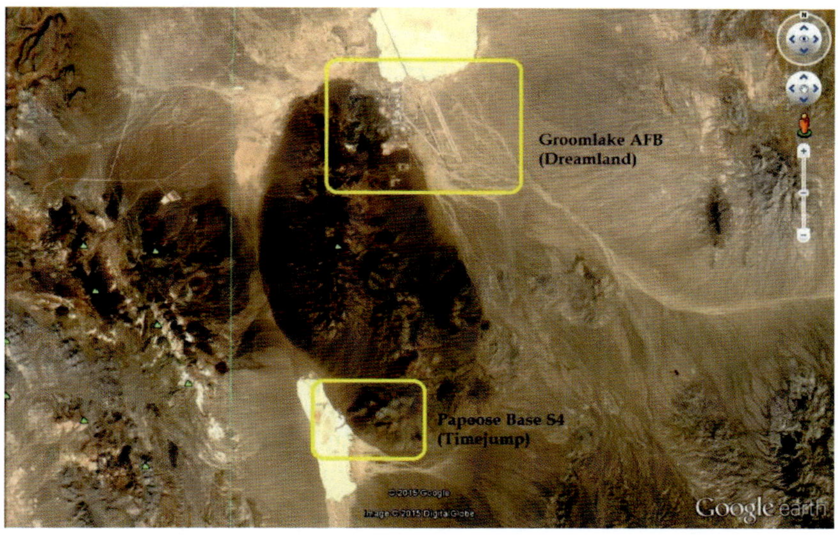


*Abb. 5: Satellitenbild des Geländes mit der Position der vier Basen an den Papoose Mountains*

Seit S4 fertiggestellt ist (etwa Ende 1952), bringt man alle gefundenen UFOs und UFO-Teile zur Untersuchung und Weiterverwendung hierher.

## Jahreswende 1949

Weiterer Absturz eines UFOs nahe Roswell

Teilweise wurde es intakt von den Streitkräften geborgen, wobei ein männlicher Außerirdischer den Absturz überlebte. Er wurde „EBE" (Extraterrestrische Biologische Entität) genannt, in das Los Alamos National-Labor nördlich Albuquerque, New Mexiko, gebracht und dort untersucht. Damals war das die am besten gesicherte Vorrichtung der US Streit-Kräfte. 1944 - 1945 hatte hier das Manhattan-Projekt zur Entwicklung der Atombombe seinen Sitz.

Die Sprache des Wesens wurde durch Benutzung von Piktogrammen übersetzt. Es wird als reptiloider Humanoid mit insektoiden Charakteristiken beschrieben, als Mischform von Mensch, Reptil und Insekt (Später lautete die Bezeichnung „Grey". Anm. d. Autors). Der Herkunft nach stammte er von einem Planeten im Sonnensystem Zeta Reticuli, etwa 40 Lichtjahre von der Erde entfernt. EBE lebte in Los Alamos, bis er durch eine unbekannte Krankheit am 18. Juni 1952 starb.

Nach „EBE"s Tod haben die Militärs auf Anordnung der US-Regierung versucht mit der Spezies der „EBEs" Kontakt aufzunehmen, was schließlich 1959 zum Erfolg führte.

## 20. May 1953

UFO-Absturz in Kingman, Arizona

Das Fluggerät war ein ovales Objekt, wie zwei Schüsseln, Rand an Rand zusammengefügt, mit einem Durchmesser von 10 Metern. Die Hülle bestand aus einem mattsilbrigen Metall, ähnlich wie Aluminium, und die Aufgangsrampe war geöffnet. Im Innern befanden sich zwei Drehstühle, eine ovale Kabine und eine Menge Instrumente. Eine metallurgische Analyse ergab, dass das Metall des Objektes auf der Erde unbekannt ist.

In einer zeltähnlichen Behausung, nahe dem Objekt, lag der Körper eines der Insassen: 1,20 Meter groß mit dunkelbrauner Haut. Insgesamt fand man vier Insassen zwischen 1,00 und 1,20 Meter groß, haarlos und humanoid.

Das UFO und die Leichen wurden in die Wright-Patterson Airforce Base gebracht und nach einer kurzen Untersuchung zur Papoose Base S4 in Nevada weitertransportiert.

**Mitte 1958**

Bergung eines UFOs in der Wüste von Utah,

das von Außerirdischen unversehrt zurückgelassen wurde. Es wurde in die Papoose-Base S4 transportiert und dort in einem der Hochsicherheits-Laboratorien untersucht, wobei die Militärwissenschaftler der USA zahlreiche technologische Informationen gewannen.

Seine Antriebs- und Steuer-Aggregate waren jedoch so komplex, dass sie nicht außer Betrieb gesetzt werden konnten.

Als man in einem angrenzenden Speziallabor der geheimen Untergrundbasis mit dem Antrieb im nicht abgeschirmten Modus zu experimentieren begann, erfolgte ein Strahlenstoß, der über 30 Wissenschaftler bis auf ein paar Aschehäufchen verbrannte.

**25. April 1964**

Alien-Vertrag von Holloman AFB mit der Eisenhower-Regierung und Übereignung einer Flugscheibe („Sportmobile") für Studienzwecke.

Drei unidentifizierte Flugobjekte wurden von der Besatzung des Towers mit dem Radar geortet. Man versuchte vergeblich über Funk Kontakt aufzunehmen und auf Anordnung hoher Militärs durfte gegen die Fremden nichts unternommen werden. Etwas später landete eins der Objekte und heraus stiegen drei, menschenähnliche Wesen in engen Raumanzügen. Der Basiskommandant, zwei Luftwaffenoffiziere und zwei Wissenschaftler begrüßten die Fremden.

Anschließend wurde ein Vertrag mit den Außerirdischen abgeschlossen. Sein Inhalt besagt, dass die USA die Existenz der Außerirdischen geheim halten und die Außerirdischen nicht in unsere Gesellschaft eingreifen. Sie bekommen Land und Rechte, die USA dafür Technologie.

Die Außerirdischen haben Basen auf US Militär-Gebiet, unter anderem in New Mexiko und auf dem Gelände der Nellis Luftwaffen-Basis in Nevada, unterhalb des Groom Lake in der Area 51, dem am stärksten gesicherten militärischen Versuchsgelände der USA. Diese Basen sind gigantische unterirdische Anlagen. Dort haben die Außerirdischen die Amerikaner nicht nur in der Entwicklung ihrer Rüstungstechnologie unterstützt, sondern ihnen auch eines ihrer Raumschiffe (eine komplett veraltete Flugscheibe mit gefährlichem Antriebsmodul, Anm. d. Autors) zu Studienzwecken überlassen.

## 2. UDSSR/Russland

### Ab Juli 1945

Auswertung erbeuteter deutscher Raketen- und eingesammelter UFO-Technologie im unterirdischen Forschungszentrum auf dem Kosmodrom Kapustin Yar.

Kapustin Yar liegt ungefähr 120 Kilometer östlich von Wolgograd und knapp 50 Kilometer von der Grenze Kasachstans entfernt. Das Kosmodrom wurde am 13. Mai 1946 gegründet und diente anfangs der Erforschung deutscher Raketen- und Strahlflugzeugtechnologie.

*Abb. 6: Kapustin Yar, Launchkomplex*

Die erste Rakete wurde am 18. Oktober 1947 gestartet. Sie war eine von elf deutschen A-4 (Rakete V-2), die erbeutet worden waren. Zahlreicher Tests für das russische Militär, Satelliten und Forschungsraketen, sind seitdem an den Startrampen durchgeführt worden. Außerdem wurden zwischen 1957 und 1961 mehrere kleine Atomsprengkörper über dem Testgelände gezündet.

In der Underground-Area werden seit dem ersten Absturz eines UFOs in der UDSSR und den dabei gefunden Piloten (EBEs) diese Maschinen untersucht und die erforschte Technologie für eigene Zwecke verwendet. Ebenfalls beschäftigen sich die Forscher mit der biologischen Beschaffenheit der Außerirdischen.

Spezielle KGB-Einheiten (Der neue russische Geheimdienst FSB ist nichts anderes als der frühere KGB, Anm. d. Autors) sorgen für die Einhaltung der Sicherheitsstufen. Das geschieht mit extremer Gewalt, denn das Weitergeben von Informationen über Alien-Projekte wird mit der sofortigen Exekution bestraft.

In den Jahren nach Beendigung des 2. Weltkrieges fanden die sowjetischen Militärs immer mehr aktuell abgestürzte Raumschiffe außerirdischer Intelligenzen; wesentlich mehr als die Amerikaner. Das lag ganz einfach daran, dass die Sowjets ein ausgeklügeltes System von weitreichenden Radar-Geräten installiert hatten, die jede Bewegung im erdnahen Raum registrieren und verfolgen konnten. Darüber kam es auch zu erheblichen Abschüssen durch die Bodenluftverteidigung und die sowjetischen Abfangjäger, die bei der Verfolgung der Flugscheiben oft genug rigoros gehandelt haben. Nachteilig war, dass fast alle daraus resultierenden Crashs lediglich Trümmer ergaben, deren Funktion kaum bestimmt werden konnte.

**29. November 1968**

UFO-Crash bei Jekaterinburg

Diesen UFO-Absturz in einem Waldstück bei Jekaterinburg verursachte einer der Abfangjäger der sowjetischen Luftverteidigung bei der Verfolgung des unbekannten Flugobjektes. Ob die außerirdische Maschine abgeschossen oder infolge eines Zusammenstoßes abstürzte, ist nicht bekannt.

Kurz nach dem Absturz erreichte eine KGB-Einheit, die mit derartigen Abwicklungen vertraut war, das Gelände und riegelte es weiträumig ab.

Die Untersuchung des Flugkörpers begann noch an Ort und Stelle. Dabei entdeckten die Wissenschaftler, als sie eine der Luken gewaltsam öffneten, ein totes, fremdartiges aber humanoides Wesen im Pilotensitz des Cockpits.

Der Körper des Fremden wurde sofort abtransportiert und in einer Anatomieabteilung des Semashko, medizinischen Instituts in Moskau, unter Bewachung von KGB-Agenten analysiert.

*Abb. 7 und Abb. 8: Der abgestürzte Flugkörper und die KGB-Einheit*

Zur weiteren Erforschung der unbekannten Maschine sammelte das Militär alle gefunden Trümmer ein und transportierte sie mit dem Wrack zusammen nach Kapustin Yar in den unterirdischen Komplex, wo schon diverse andere Fluggeräte ähnlicher Art untersucht wurden.

Die Erkenntnis aus den gefundenen UFO-Crashs und die Bedrohung durch die 3. Macht (siehe Erläuterung am Buchanfang) führten bereits ab 1950 zu einer geheimen Zusammenarbeit der Militärs von USA und UDSSR. Einerseits konnte dadurch die Rüstung beider Großmächte angekurbelt werden, andererseits erwuchsen daraus gemeinsame Projekte, die allerdings unter der Führung der USA durchgeführt wurden. Der Grund dafür war später durch den amerikanischen Kontakt zu den Außerirdischen (Vertrag mit den Greys) gegeben und die US-Militärwissenschaftler waren mit ihren Forschungen wesentlich weiter, als die der Sowjets.

# 3. Gemeinsame Projekte der Supermächte

## 22. Mai 1962

Für eine kurze Zeit zwischen 1959 und 1964, verfolgten die Militärwissenschaftler US Air Force in der Area 51 das Konzept einer bemannten „fliegenden Untertasse“, bekannt geworden als „American Flying Soucer“.

Im Rahmen dieses Konzeptes wurde Anfang 1960, nach diversen Misserfolgen (z. B. der AVRO-Car), in der Area 51 eine Flugscheibe mit völlig neuem Antrieb auf Plasmabasis (Technologiegrundlagen deutscher Ingenieure des 2. Weltkrieges) konstruiert. Da zu diesem Zeitpunkt auch die sowjetischen Forscher mit deutscher Hilfe in Kapustin Yar an einem gleichen Projekt arbeiteten und man einen gemeinsamen Feind besaß, beschlossen die Geheimdienste eine Zusammenarbeit unter der Voraussetzung, dass die Besatzung beim Testflug aus beiden Machtblöcken bestand.

Die Zusammenarbeit war so erfolgreich, dass Ende 1961 eine Flugscheibe, die Delta02/FX, mit revolutionärem Antrieb als Prototyp zur Verfügung stand. Einige kurze Testflüge im Orbit bestätigtem dem Militär beider Machtblöcke die Raumtauglichkeit der Flugscheibe. So wurde ein Fernflug zum Mars für Mitte April 1962 beschlossen, um die Leistungsfähigkeit zu beweisen. Der Start erfolgte vom Kosmodrom Kapustin Yar.

Am 22. Mai 1962 landete die Delta02/FX mit einer kombinierten Viermann-Besatzung erfolgreich auf dem Mars.

*Abb. 9 und Abb. 10: Flug über die Marsoberfläche mit Landung*

Bei diesem Flug wurden Messungen durchgeführt, die in einigen Regionen eine Atmosphäre mit gleichem Druck, wie auf der Erde, zeigten. Auch Leben im Wüstensand wurde festgestellt.

Ein US-amerikanische Konstrukteur, Alan Kehlet, beschäftigte sich mit weltraumtauglichen Konstruktionen in Form von Flugscheiben. Auf Grund von Stabilitätsproblemen beim Atmosphärenflug verlangte er den Aufbau von Leitwerken, die auf der konvexen Oberseite angebracht werden müssten. Sie sollten dann eingesetzt werden, wenn das Raumschiff nach Wiedereintritt unter Mach 2 verlangsamt.

Anstatt auf dieser Erkenntnis den Marsflug abzubrechen, wurde die Testflug-Mission erweitert. Die Militärs beider Machtblöcke erwogen den Bau einer Marsbasis und wollten gleichzeitig nach dem Verbleib der 3. Macht forschen, deren Stützpunkte sie auf dem Mars vermuteten. Deshalb ließen sie die Besatzung der Delta02/FX nach einem geeigneten Platz für eine Basis suchen. Einige Tage später brach jedoch der Funkkontakt unvermittelt ab. Mehrere Monate lang versuchte man vergeblich eine Funkverbindung mit der Flugscheibe aufzubauen, dann wurde sie als Totalverlust eingestuft.

Auch die anderen Konzepte eines Lenticular Rentry Vehicles wurden kurz nach dem Test einiger Flugmodelle aufgegeben. Deshalb konzentrierten sich die Wissenschaftler der Area 51 auf eine neues Projekt: Die TR-3B, eine große dreieckige Flugmaschine, die mehrere Antriebkonstruktionen beinhalten sollte:

- Ein gepulstes Plasmatriebwerk für den Atmosphärenflug (Grundlage war das Triebwerk der Delta02/FX)
- Ein Gravitationstriebwerk für den Raumflug, eine Kombination aus den erbeuteten deutschen Triebwerken (Flugscheiben Vril und Haunebu), der überlassenen Grey-Konstruktion und den Auswertungen abgestürzter Alien-Fluggeräte

**Ab Juli 1964**

Aufbau zweier militärischer Mondbasen im Mare Imbrium

Nachdem das Projekt Marsbasis als Misserfolg geendet hatte, beschlossen die Militärs beider Machtblöcke, den Aufbau zweier mit Hochgeschwindigkeits-Raumflugkörpern bestückter Mondbasen für den lunaren Verteidigungsbereich (LDA = Lunar Defense Area).

Ausgesucht wurde hierfür das Mare Imbrium. Der sowjetische Stützpunkt sollte am Südrand des Kraters Cassini entstehen und die US-amerikanische Basis am östlichen Kraterrand des Archimedes. Geplant war eine ständige Besatzung von jeweils 12 Spezialisten über einen Zeitraum von 4 Monaten.

Da für den Bau und den Transport der Ausrüstung zu diesem Zeitpunkt kein irdisches Raumschiff zur Verfügung stand, übernahmen die Greys aufgrund des Vertrages mit den Amerikanern die Verfrachtung zum Mond.

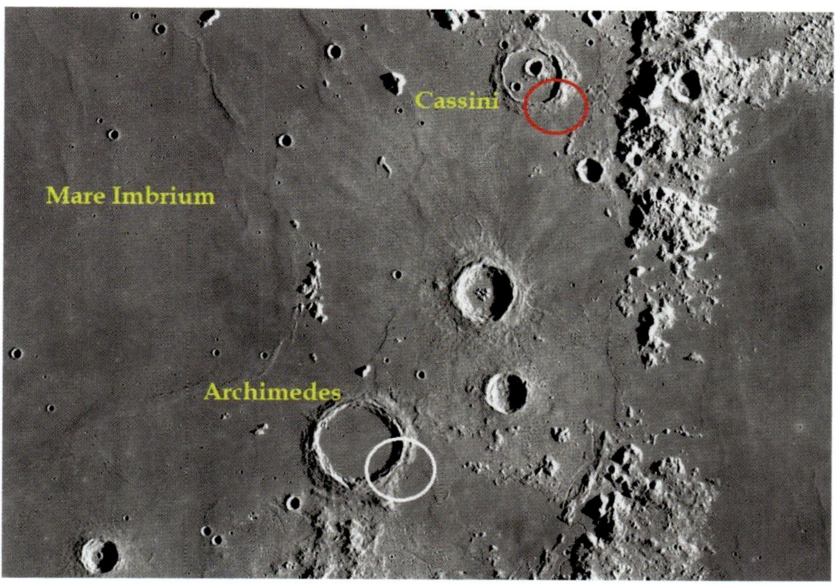


*Abb. 11: Mondkarte mit den Positionen der beiden Basen*

Zu Beginn des Jahres 1968 verschlechterte sich das politische Klima zu den Greys extrem stark, bis hin zu kriegerischen Handlungen. Die US-amerikanischen Militärs hatten mittlerweile begriffen, dass sie von den Greys betrogen worden waren und sich diese nicht an die geschlossenen Verträge hielten. Es kam zu Auseinandersetzungen in den unterirdischen Anlagen, wobei die Basis „Dreamland" unter hohen Verlusten von den Greys gesäubert wurde. Deshalb unterblieb die bis dahin von den Außerirdischen durchgeführte Versorgung der beiden Mondbasen.

Ende 1968 brach unvermittelt die Funkverbindung zum Mond ab und konnte nicht wieder hergestellt werden. Die Geheimdienste beider Machtblöcke gingen deshalb von einer Zerstörung der beiden Mondbasen aus. Man vermutete, dass entweder die Greys oder die 3. Macht daran die Schuld trug.

## Die „offizielle" Raumfahrt, publiziert über die Politik und kommerzielle Wissenschaft

## 1. USA

### NASA

Die NASA wurde am 29. Juli 1958 durch den „National Aeronautics and Space Act" gegründet. Damit wurde durch Präsident Dwight D. Eisenhower auf den Rat seines Wissenschaftsberaters James Killian entschieden, dass das zivile Raumfahrtprogramm (trotzdem im Hintergrund militärisch geleitet) durch eine Raumfahrtorganisation durchgeführt werden soll. Vorläufer war u.a. das National Advisory Committee for Aeronautics, das der Luftwaffe unterstand. Die neue Behörde nahm am 1. Oktober 1958 ihre Arbeit auf, wobei sie die circa 8.000 Angestellten der NACA übernahm. Zum ersten Administrator der NASA wurde Thomas Keith Glennan ernannt.

*Abb. 12: Das Logo der NASA*

## Bemannte Raumfahrt

### Mercury

Die („publizierte") bemannte Raumfahrt begann für die USA mit der Mission Mercury-Redstone 3 am 5. Mai 1961, nur wenige Wochen, nachdem mit dem Russen Jurij Gagarin erstmals überhaupt ein Mensch im All gewesen war. Alan Shepherd war der erste Amerikaner im All. Er flog jedoch noch nicht auf einer Umlaufbahn um die Erde. (Das ist die offizielle Version, die aber durch den Marsflug und die beiden Mondstationen bereits widerlegt ist, Anm. d. Autors.)

Mit dem Mercury-Programm flogen noch fünf weitere Astronauten ins All. Die Planungen begannen 1958, das Programm endete 1963. Das Ziel, einen Astronauten auf die Umlaufbahn der Erde zu schicken, war am 20. Februar 1962 mit John Glenn erreicht worden. Der Nachteil der Mercury-Raumschiffe war, dass man sie nicht manövrieren konnte. Damit war ein Flug zum Mond mit ihnen nicht möglich. Das aber war das heimliche Ziel. Der letzte Mercury-Flug fand im Mai 1963 statt, danach startete das Gemini-Programm.

*Abb. 13: Mercury-Raumschiff mit Rettungsrakete*

## Gemini

Das zweite bemannte Raumfahrtprogramm der Amerikaner sollte das Apollo-Programm zur offiziellen Mondlandung vorbereiten. Mit den Gemini-Raumschiffen flogen zum ersten Mal zwei amerikanische Astronauten zusammen ins All (Gemini 3, März 1965) und im Juni 1965 stiegen die Amerikaner erstmals im Weltraum aus (Gemini 4). Im August und Dezember 1965 fanden zwei Raumflüge gleichzeitig statt und man näherte die beiden Raumschiffe einander an (Gemini 5, 6 und 7).

*Abb. 14: Gemini 6 während des Rendezvous mit Gemini 7*

Die Gemini-Raumschiffe waren für zwei Weltraumflieger konzipiert - in den Mercury-Schiffen konnte nur ein Astronaut mitfliegen. Der Name Gemini (lateinisch für „Zwillinge") bezieht sich auf das Sternbild Zwillinge, aber auch auf den Doppelsitz und die geplanten Treffen zweier Raumschiffe, die man in der Raumfahrt Rendezvous nennt.

Die drei Mondastronauten Neil Armstrong, Michael Collins und Edwin Aldrin wurden mit mehr als 20 weiteren Raumfahrern für das Gemini-Programm ausgewählt.

## Unbemannte Mondmissionen der NASA

Parallel zu den russischen Missionen führte die NASA diverse Mondmissionen durch, die der Vorbereitung der Apollo-Missionen dienten. Sie verliefen etwas erfolgreicher als die russischen Pendants und übermittelten eine Vielzahl von Daten zur Erde.

## Ranger

Das Ranger-Programm wurde von der NASA zwischen 1961 und 1965 zur Vorbereitung der bemannten Mondlandungen durchgeführt. Die Ranger-Mission lässt sich in drei Blöcke mit unterschiedlichem Erfolg unterteilen:

Die erste Phase, bestehend aus Ranger 1 und 2, sollten der Erprobung der Systeme im Erdorbit dienen, das Apogäum war bei ca. einer Million Kilometern vorgesehen. Beide Sonden konnten jedoch den erdnahen Orbit nicht verlassen und verglühten wenige Tage später in der Atmosphäre.

*Abb. 15: Ranger 4 (Ranger Block II)*

Phase zwei beinhaltete die Ranger-Sonden 3 bis 5. Sie sollten zunächst eine Instrumentenkapsel mit einem Seismometer auf die Mondoberfläche abwerfen. Die Muttersonde sollte auf der Mondoberfläche aufschlagen und dabei bis unmittelbar vor dem Aufschlag hoch aufgelöste Bilddaten übermitteln.

Alle drei Sonden dieser Phase schlugen fehl: Ranger 3 hatte eine zu hohe Geschwindigkeit und verfehlte den Mond um 36.000 Kilometer. Danach schwenkte sie in eine Sonnenumlaufbahn ein. Der Kontakt zu Ranger 4 brach am Starttag ab, und sie schlug stumm auf dem Mond auf. Es war die erste US-Sonde, die den Mond erreichte. Ranger 5 erlitt ebenfalls am Starttag einen Kommunikationsabbruch. Die Sonde raste 700 Kilometer am Mond vorbei und erreichte eine Sonnenumlaufbahn.

Die dritte Phase des Ranger-Programms war erfolgreicher. Sie führten keine Instrumentenkapsel mehr mit, sondern schlugen wie Kamikaze-Flieger auf dem Mond auf. Lediglich bei Ranger 6 scheiterte die Aktivierung der Kameras. Insgesamt wurden etwa 17.400 Fotos zur Erde gefunkt.

**Surveyor**

Das Surveyor-Programm war in der Zeit von 1966 bis 1968 der unmittelbare Nachfolger des Ranger-Programms.

Das Hauptziel von Surveyor war die Erprobung weicher Landungen auf dem Mond. Ohne diese unbemannten Tests wäre eine bemannte Mondlandung nicht möglich gewesen. Die Surveyor-Landeeinheiten waren für diesen Zweck mit speziellen Landefüßen ausgestattet, deren Eindringtiefe in den Mondstaub gemessen wurde.

*Abb. 16: Surveyor-Modell*

Die Surveyor-Mission gliederte sich wie folgt:

Surveyor 1 bescherte den Amerikanern am 14. Juli 1966 die erste weiche Landung einer US-Sonde auf dem Mond.

Surveyor 2 zerschellte bei einer harten Mondlandung.

Surveyor 3 führte ein Bohrexperiment durch. Diese Mission war auch die Landestelle von Apollo 12. Die Besatzung brachte eine von Surveyor 12 abmontierte Kamera zur Erde zurück, an der Bakterien nachgewiesen wurden. Diese wurden in Laboratorien wiederbelebt und gelten als Beweis dafür, dass Bakterien jahrelang unter Weltraumbedingungen überleben können.

- Surveyor 4 zerschellte bei einer harten Mondlandung.
- Surveyor 5 entnahm Bodenproben zur Analyse.
- Surveyor 6 zündete seine Triebwerke auf der Mondoberfläche erneut. Die Sonde hob ab und landete dann in 2,5 Metern Entfernung.
- Surveyor 7 landete nahe dem Krater Tycho weit abseits der Apollo-Landeplätze.

**Lunar Orbiter**

Das Lunar-Orbiter-Programm bestand aus fünf Raumsonden in der Zeit von 1966 bis 1968. Alle fünf Sonden waren erfolgreich. Es war das erste Mondprogramm der NASA, das keinen Ausfall zu verzeichnen hatte.

Das Aufgabenfeld der baugleichen Sonden lässt sich einfach zusammenfassen: Es sollte eine hochaufgelöste Karte des Mondes erstellt und das Schwerefeld vermessen werden. Diese Arbeiten dienten der Vorbereitung zur bemannten Mondlandung.

Das Kamerasystem bestand aus einem Weitwinkel- und einem Teleobjektiv. Beide Optiken waren parallel angeordnet, so dass die Teleaufnahme stets einen detaillierten Ausschnitt der Weitwinkelaufnahme darstellte.

Die Fotografie der Mondoberfläche erfolgte auf Umwegen über analogen Film: Die Mondoberfläche wurde auf Kodak-Rollfilm wie in einer herkömmlichen Kamera belichtet. Während der Belichtung musste der Film bewegt werden, um durch die schnelle Bewegung des Raumschiffs keine Bewegungsunschärfen zu erzeugen. Der Film wurde dann onboard entwickelt.

Um die Bilder zur Erde zu übertragen, war eine Digitalisierung der Aufnahmen erforderlich, da die Sonden nicht zur Erde zurückkehrten. Hierfür wurde das Negativ mit einem Laser in Zeilen abgetastet. Die Abtastung erfolgte in Querstreifen, den sog, „Framelets". Die registrierten Helligkeitsunterschiede wurden als Grauwerte zur Erde gefunkt und von einer Kathodenstrahlröhre auf 35mm-Film, also gängigen Kleinbildfilm, belichtet. Nach Aneinanderfügen der Framelet-Belichtungen erhielt man ein komplettes Bild. Aus diesem Grund zeigen Lunar-Orbiter-Bilder die bekannten Streifen.

*Abb. 17: Lunar Orbiter*

Lunar Orbiter 1 bis 3 hatten äquatornahe Umlaufbahnen und erforschten somit primär die potentiellen Landestellen für das Apollo-Programm. Lunar Orbiter 4 und 5 hatten polare Orbits und kartierten lückenlos die Mondoberfläche.

Der gesamte Mond wurde mit einer Auflösung von 60 Metern kartiert. Die späteren Landestellen wurden mit bis zu zwei Metern Genauigkeit aufgenommen.

Ein weiteres Ziel der Lunar-Orbiter-Missionen bestand darin, mehrere Sonden zeitgleich sicher und berechnet um den Mond zu steuern. Nach Beendigung der Mission wurden sie gezielt zum Absturz gebracht, um eine Gefährdung der Apollo-Mutterschiffe auszuschließen.

**Mondlandeprogramm Apollo**

Das Apollo-Programm brachte zum ersten und bislang einzigen Mal Menschen auf den Mond. (Das gilt selbstverständlich nur für die offizielle Darstellung. Im militärischen Raumflug sieht es ganz anders aus, Anm. d. Autors) Das Programm wurde von der National Aeronautics and Space Administration (NASA) zwischen 1961 und 1972 betrieben.

*Abb. 18: Das Apollo-Logo*

In mehreren Schritten erprobte die NASA Techniken, die für eine Mondlandung wichtig sein würden, wie z.B. das Navigieren und Koppeln im All oder das Verlassen eines Raumschiffs im Raumanzug. Viele wichtige Tests wurden in der Vorbereitung im Gemini-Programm durchgeführt. Die erste bemannte Mondlandung selbst fand dann am 20. Juli 1969 statt. Nach fünf weiteren Landungen wurde das Programm 1972, auch aus Kostengründen, eingestellt. Seit der Zeit hat bis heute kein Mensch wieder den Mond betreten (Offizielle Version der kommerziellen Wissenschaft und der Politiker, Anm. d. Autors).

Durch den Start von Sputnik 1 im Jahre 1957, die erste unbemannte harte Mondlandung 1959 durch Lunik-2 und den ersten bemannten Raumflug von Juri Gagarin 1961, war die Sowjetunion zu Beginn des Raumfahrtzeitalters zur führenden Raumfahrtnation aufgestiegen. Die politische Führung der US-Amerikaner suchte nach einem Gebiet der Raumfahrt, auf dem sie die Sowjetunion schlagen könnten. Die bemannte Mondlandung wurde dafür als geeignet angesehen.

Am 25. Mai 1961, nur eineinhalb Monate nach dem Start von Juri Gagarin, hielt Präsident John F. Kennedy vor dem amerikanischen Kongress seine berühmte Rede, in der er das Ziel vorgab, noch im selben Jahrzehnt einen Menschen zum Mond und wieder zurückbringen zu lassen. Mit den folgenden Worten fiel der Startschuss für das Apollo-Programm:

*„Ich glaube, dass dieses Land sich dem Ziel widmen sollte, noch vor Ende dieses Jahrzehnts einen Menschen auf dem Mond landen zu lassen und ihn wieder sicher zur Erde zurückzubringen. Kein einziges Weltraumprojekt wird in dieser Zeitspanne die Menschheit mehr beeindrucken, oder wichtiger für die Erforschung des entfernteren Weltraums sein; und keines wird so schwierig oder kostspielig zu erreichen sein."*

*Abb. 19: J. F. Kennedy bei seiner denkwürdigen Rede*

Man mag davon halten, was man will, aber es ist relativ einfach die Massen in einer unsicheren Situation positiv zu beeinflussen. Damals herrschte die Angst von einem sowjetischen Übergriff und die amerikanische Bevölkerung brauchte einen Impuls, der sie wieder aus dem vermeintlichen atomaren Würgegriff der UDSSR zog. Dafür war so eine Ankündigung genau richtig. In Wirklichkeit ist es naiv anzunehmen, ein derartig teures Prestigeunternehmen durchzuführen ohne einen technischen oder militärischen Nutzen. Auf dem Mond musste etwas gewesen sein, von dem sich die amerikanische Regierung zu diesem Zeitpunkt einen Vorteil gegenüber der politischen Führung der UDSSR versprach. Aber selbstverständlich wollten die sowjetischen Militärs daran teilhaben.

Für den bemannten Mondflug wurde die bis heute größte Rakete entwickelt. Sie erhielt den Namen Saturn V. Maßgeblichen Anteil an ihrer Entwicklung hatte der deutschstämmige Raketenbauer Wernher von Braun, dessen Team die erste Stufe mit den gewaltigen F-1-Triebwerken entwickelte. Alle Starts dieser Rakete waren trotz ihrer großen Leistung und Komplexität erfolgreich, was durchaus beachtenswert ist, da die meisten übrigen Raketensysteme auch Fehlstarts zu verzeichnen haben.

Als Vorbereitung auf die Mondlandung lief parallel zum Apollo-Programm das Gemini-Programm, mit dem Erfahrungen zu Rendezvous-Manövern, Navigation und Arbeiten im Weltall gesammelt werden sollten. Technologien für die Hitzeschilde der Apollo-Kapseln wurden im Rahmen des FIRE-Projekts entwickelt und getestet.

Am 27. Januar 1967 erlitt das Apollo-Programm einen schweren Rückschlag. Bei Bodentests verbrannten die drei Astronauten Virgil Grissom, Edward H. White und Roger B. Chaffee in ihrer Kommandokapsel. Die Rakete war während dieser Tests nicht betankt. Die Kommandokapsel war aber nicht mit gewöhnlicher Luft, sondern mit reinem Sauerstoff bei atmosphärischem Überdruck gefüllt. Dadurch wurde binnen weniger als einer Minute aus einem kleinen elektrischen Funken ein Feuer, das die Astronauten tötete. Umfangreiche Änderungen an der Kommandokapsel waren die Folge. Dem Test wurde nachträglich die Bezeichnung Apollo 1 verliehen.

*Abb. 20: Die Saturn V beim Start auf Cape Canaveral*

Trotzdem konnte mit der erfolgreichen Mondlandung von Apollo 11 am 20. Juli 1969 das Ziel Kennedys, der Landung auf und die sichere Rückkehr vom Mond erreicht werden.

*Abb. 21. Kopplungsmanöver im All*

**Die Apollo Mondlandungen**

| LOGO | Datum | Landeplatz |
|---|---|---|
| | 16. Jul. 1969<br>24. Jul. 1969 | Mare Tranquillitatis<br>**Apollo 11** |
| | 14. Nov. 1969<br>24. Nov. 1969 | Oceanus Procellarum<br>**Apollo 12** |

| LOGO | Datum | Landeplatz |
|---|---|---|
|  | 1. Apr. 1970<br>17. Apr. 1970 | Geplant: Fra Mauro<br>**Apollo 13** |
|  | 1. Jan. 1971<br>09. Feb. 1971 | Fra Mauro<br>**Apollo 14** |
|  | 26. Juli 1971<br>07. Aug. 1971 | Hadley-Rille<br>**Apollo 15** |
|  | 16. Apr. 1972<br>27. Apr. 1972 | Descartes<br>**Apollo 16** |
|  | 07. Dez. 1972<br>19. Dez. 1972 | Taurus-Littrow<br>**Apollo 17** |

*Abb. 22 bis Abb. 28: Embleme der einzelnen Apollo-Missionen*

Obwohl ursprünglich noch weitere Starts geplant waren, wurde das Apollo-Programm nach der sechsten erfolgreichen Mondlandung mit Apollo 17 offiziell beendet.

# 2. UDSSR

### Bemannte Raumfahrt

Nach den Sputnik-Satelliten gelang es der Regierung der UdSSR mit dem Raumfahrtprogramm „Wostok" (Osten) erneut Maßstäbe zu setzen. Trotz widriger Verhältnisse bei der Vorbereitung gelangte am 12.04.1961 mit Juri Gagarin in Wostok 1 der erste Mensch (publizierte Version, Anm. d. Autors) in den Weltraum. Wenige Monate später folgte German Titow in Wostok 2 mit 17 Erdumkreisungen. 1962 wurde mit Wostok 3 und 4 (Kosmonauten Popowitsch und Nikolajew) der erste Gruppenflug durchgeführt und 1963 mit Wostok 5 (Kosmonaut Bykowski) und Wostok 6 (Kosmonautin Tereschkowa) wiederholt. Walentina Tereschkowa war damit auch erste Frau im Weltall. Die Kommunikation vom All zur Erde und umgekehrt war vom propagandistischen Pathos jener Zeit getragen und machte doch die Freude über die gelungene Mission nachvollziehbar.

*Abb. 29: Wostok-Raumschiff*

Beim nachfolgenden Raumfahrtprogramm „Woschod“ (Sonnenaufgang) saßen schon mehrere Menschen gleichzeitig im Raumschiff und kehrten auch mit ihm zur Erde zurück, ohne den Schleudersitz bedienen zu müssen. Woschod 1 hatte am 12.10.1964 drei Menschen (einen Kosmonauten, einen Arzt und einen Ingenieur) an Bord und wies schon den Weg zu künftigen Raumstationen. Von Woschod 2 aus machte am 18.03.1965 Alexei Leonow als erster Mensch einen Weltraumspaziergang und bewegte sich frei im Weltall.

*Abb. 30: Alexei Leonow*

## Sowjetische Mondmissionen

### Die Lunik-Missionen

Bereits kurz nach dem Sputnik-Erfolg (Sputnik 1, 1957) stellte die UdSSR ein Mondprogramm auf die Beine. Dieses Programm bestand aus neun Raumsonden und erhielt den Namen Lunik („Kleiner Mond“). Von den neun Sonden waren nur drei erfolgreich:

Lunik 1 passierte im Januar 1959 den Mond, und schwenkte danach in einen Sonnenorbit ein. Die Sonde lieferte lediglich Daten über den Strahlungsgürtel der Erde. Außerdem wurde die Existenz des Sonnenwindes nachgewiesen.

Am 13. September 1959 folgte Lunik 2. Die Sonde schlug gezielt auf der Mondoberfläche auf. Es war der erste irdische Flugkörper überhaupt, der einen anderen Himmelskörper erreichte.

Lunik 3, die letzte erfolgreiche Sonde der Lunik-Reihe, folgte auf den Fuß im Oktober 1959. Sie schwenkte in den Mondorbit ein und fotografierte erstmals die bis dahin unbekannte Rückseite des Mondes.

*Abb. 31: Lunik 3*

Die Bilder waren noch von sehr schlechter Qualität. Jedoch erkannte man bereits, dass die Mondrückseite so gut wie keine dunklen Mare-Gebiete enthält und von hellen Hochländern geprägt ist. Die Fotos führten zur Entdeckung des „Moskauer Meeres".

Die Bilddatenverarbeitung war mit den heutigen Methoden noch nicht vergleichbar: Die Filme wurden an Bord der Raumsonde entwickelt und als Bildfunksignale zur Erde gesendet.

**Die Luna-Missionen**

Bei den Luna-Raumsonden gab es Lander und Orbiter.

Bevor der Mond erreicht wurde, endeten die ersten acht Starts als Fehlstarts, erreichten nie den Mond oder verfehlten ihn mehr oder weniger knapp. Erst die geschichtsträchtige Mission Luna 9 war erfolgreich:

Luna 9 landete weich im Ocanus Procellarum. Es war die erste weiche Landung überhaupt, die auf einem anderen Himmelskörper gelang. Die Landeeinheit funkte die ersten Panoramabilder der Mondoberfläche zur

Erde. Einmal mehr hatte die Sowjetunion im politischen Wettlauf zum Mond die Nase vorn. Luna 9 funkte drei Tage lang Daten zur Erde.

Luna 13 war eine verbesserte Version von Luna 9.

Die Luna-Sonden 10 bis 12 und Luna 14 waren Mondorbiter. Luna 10 erreichte den Mondorbit. Es wurden das Magnetfeld des Mondes und Mikrometeoriten vermessen sowie erstmals der Nachweis von Schwereanomalien erbracht. Luna 11 und 12 waren mit Filmkameras ausgerüstet, wobei die Datenübertragung nur bei Luna 12 erfolgreich verlief. Mit Luna 14 wurde das Kommunikationssystem für die geplante bemannte Mondlandung der Sowjetunion getestet.

*Abb. 32: Luna 9 Lander*

Ein Höhepunkt der Luna-Mission war die Rückführung von Mondgestein. Dies war die Hauptaufgabe von Luna 15 bis Luna 24. Von den zahlreichen Versuchen war Luna 16 als erste erfolgreich. Sie startete am 12. September 1970. Luna 20 startete am 14. Februar 1972 und brachte 55 Gramm Mondgestein zur Erde zurück. Der Bohrer von Luna 20 konnte nur 15 Zentimeter tief in den Mondstaub eindringen.

Luna 23 (Start am 28. Oktober 1974) und Luna 24 (Start am 9. August 1976) waren mit weiter entwickelten Bohrern ausgestattet, die zwei Meter tief bohren konnten. Jedoch konnte nur Luna 24 Bodenproben sammeln, da bei der Landung von Luna 23 der Bohrer beschädigt wurde. Luna 24 brachte 170 Gramm Mondgestein zur Erde zurück.

Mit den Luna-Missionen 17 und 21 wurde auch je ein Rover (Lunukhod 1 und 2) auf der Mondoberfläche abgesetzt. Sie wurden, wie es noch heute bei den aktuellen Marsrovern üblich ist, von der Erde aus ferngesteuert.

Die Navigation wurde durch eine Fernsehkamera unterstützt. Die Energieversorgung erfolgte mit Solarzellen. Während der Mondnächte wurden die Rover mit Polonium-Batterien mit Strom versorgt. Die Missionen dauerten 322 Tage (Lunukhod 1) bzw. fünf Monate (Lunukhod 2).

*Abb.33: Lunukhod 1*

**Bemanntes Mondlandeprogramm der UDSSR**

Das sowjetische bemannte Mondprogramm war angeblich der gescheiterte Versuch der sowjetischen Raumfahrt, den USA beim Wettlauf zum Mond zuvorzukommen.

Nach den erfolgreichen Raumsonden-Programmen Lunik ab 1959 und Luna ab 1963 sollte nun ein Kosmonaut als erster Mensch auf dem Mond landen und den US-amerikanischen Astronauten den Rang ablaufen. Das war das politische Ziel der sowjetischen Regierung. Doch auch hierbei verfolgten der KGB und das Militär ihr eigenes Projekt einer gemeinsamen Mondmission mit den US-Amerikanern, denn der anvisierte

Landplatz auf dem Mond lag nur wenige Kilometer von dem der Landefähre von Apollo 11 entfernt.

Abb. 34: Die Rakete N1 an ihrem Startturm

Für eine bemannte Mission war die bisherige R-7 mit fünf Tonnen Nutzlast viel zu klein. Mit der Großrakete N1 sollten nun 95 t erreicht werden, vergleichbar mit den 133 t der amerikanischen Mondrakete Saturn V. Im Gegensatz zur Saturn V, welche eine Startmasse von 2870 Tonnen hatte, war die Startmasse der N1 von 2.778 Tonnen nur geringfügig kleiner.

Die Entwicklung der N1 krankte vor allem daran, dass keine passenden großen Triebwerke wie bei der Saturn V verfügbar waren oder entwickelt werden konnten. Von den vorgesehenen Kusnezow-NK-15-Triebwerken mit je 1,44 MN Schub mussten daher 30 Stück parallel eingesetzt werden, was eine komplexe Treibstoffversorgung und neuartige dynamische Probleme bedingte.

Im Gegensatz zur Saturn V, wurde die N1 vierstufig gebaut. Am auffälligsten war die streng spitzkegelförmige Struktur der Rakete. Ihre Gesamthöhe betrug mit Fluchtturm und Mondlander 105 Meter. An der Basis hatte sie eine Breite von 16,685 Meter.

Die erste Stufe hatte insgesamt 30 Triebwerke. 24 davon waren um 6 zentrale Triebwerke angeordnet. Sie besaß eine Gesamtmasse von 1.880 Tonnen. Davon waren 1.250 Tonnen Sauerstoff und 500 Tonnen Kerosin. Die Leermasse betrug 130 Tonnen.

Die zweite Stufe bestand aus 8 Triebwerken, mit sehr langen Expansionsdüsen. Durch diese wurde ein hoher spezifischer Impuls erreicht. Die Stufe wog voll 560,7 Tonnen, leer 55,7 Tonnen und führte je 145 Tonnen Kerosin und 360 Tonnen Sauerstoff mit sich.

Die dritte Stufe wurde von 4 Triebwerken angetrieben. Sie wog voll 188,7 Tonnen und leer 13,7 Tonnen und führte 125 Tonnen Sauerstoff und 50 Tonnen Kerosin mit sich.

Die vierte Stufe hatte nur ein Triebwerk. Insgesamt war die vierte Stufe zusammen mit dem Fluchtturm 43,2 m hoch. Zusammen mit Fluchtturm und Mondlander erreichte die vierte Stufe ein Gewicht von 105 Tonnen.

Für die Mondlandung selber, war die N1 mit einer 18,2 Tonnen schweren Kickstufe, der vierten Stufe ausgerüstet worden, ähnlich dem Kommandoservicemodul (CSM) der Apollo Raumschiffe.

Der erste Start einer N1 erfolgte am 21.02.1969.

Doch kurz nach dem Start tauchten Probleme auf. Einige Triebwerke schalteten sich ab, was zu einem Leck in der Sauerstoffleitung führte. Dies zog unweigerlich die Zerstörung der Rakete nach sich.

Der zweite Start einer N1 fand nur 2 Wochen vor dem Start von Apollo 11 am 03.07.1969 statt. Diesmal war der Flug der Rakete noch kürzer als beim ersten Mal. Die Rakete explodierte weniger als eine Sekunde nach dem Start auf der Startrampe. Der 150 Meter hohe Startkomplex wurde zerstört.

Nichtsdestotrotz standen auf den äußeren Startplattformen Baikonurs, zum Starttermin der Saturn V auf Cape Canaveral, zwei überarbeitete, aus der Sicht der sowjetischen Ingenieure komplett intakte, N1-Raketen mit den Raumschiffmodulen bereit zum Abheben.

Es fehlten nur noch die Kosmonauten, die aus Sicherheitsgründen erst kurz vor dem Start an Bord ihres Raumschiffes gebracht werden sollten. Vorher sollte zum Aufwärmen der Treibwerke ein Stromimpuls auf die Düsen gegeben werden, damit ein gleichzeitiges Zünden alle 30 Düsen gewährleistet war.

*Abb. 35: Die beiden startbereiten N1-Mondraketen*

## Das Mondschiff der UDSSR

### Raumschiff LOK

Das LOK (Lunnyi Orbitalnyi Korabl, „Mondorbitalraumschiff") war eine Weiterentwicklung des Sojus-Raumschiffs. Wie dieses bestand es aus drei Teilen:

- Der kugelförmigen Orbitalsektion, die an der Spitze einen zusätzlichen Triebwerkkopf hatte.
- Der glockenförmigen, aerodynamischen Rückkehrkapsel, die auf Grund der höheren Wiedereintrittsgeschwindigkeit einen stärkeren Hitzeschild besaß.
- Der im Vergleich mit der Sojus größeren Gerätesektion mit Tanks, Brennstoffzellen und Triebwerken.

Die Energie sollte wie bei Apollo-Raumschiffen durch Brennstoffzellen und nicht wie bei den Sojus-Raumschiffen mit Solarauslegern geliefert werden. Das Mondorbitalraumschiff sollte Platz für zwei Personen bieten und etwa zehn Tonnen wiegen.

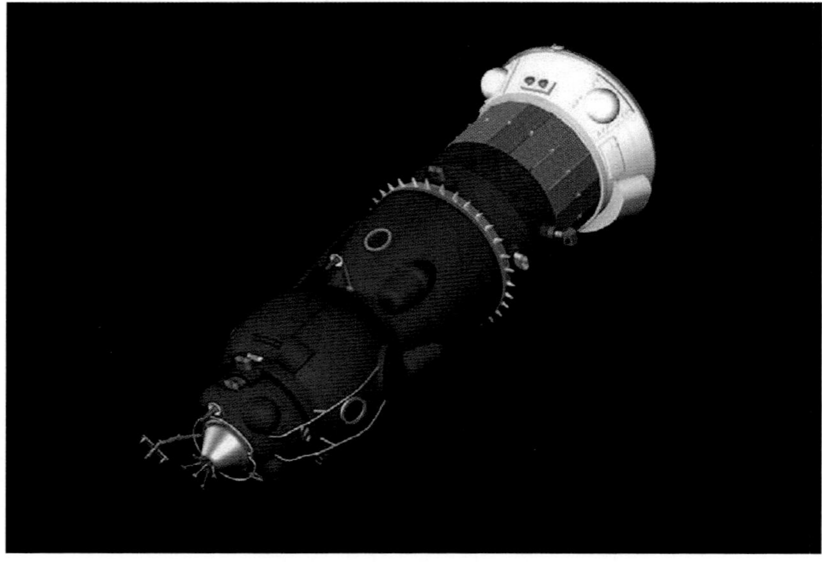

*Abb. 36: Darstellung des LOK-Raumschiffs*

## Der sowjetische Mondlander

Von dem Lunnyi Korabl (LK), dem sowjetischen Mondlander, sind bis heute nur wenige technische Details bekannt: Er war 5,20 m hoch und bestand aus einem 1.440 kg schweren kugelförmigen Kabinenmodul, einem 2.950 kg schweren Triebwerksblock (Block E) und einem 1.260 kg schweren Landegestell. Er wog damit gerade ein Drittel seines amerikanischen Gegenstücks und hatte nur für einen Kosmonauten Platz. Im Unterschied zur US-Mondlandefähre war der LK einstufig konstruiert: Beim Rückstart vom Mond sollte nur das Landegestell zurückbleiben.

*Abb. 37: Darstellung des LK*

Auf Grund dieser Konstruktion waren zwei Mondraketen vorgesehen die gleichzeitig starten sollten, damit eine gleiche Anzahl Kosmonauten, wie Astronauten, den Mond erreichten.

## Geplanter Verlauf der Mondlandung

Nach dem Start sollten das Raumschiff LOK und die Fähre LK zusammen mit den speziellen Antriebsblöcken G und D (Block D wird bis heute in der Proton-Rakete eingesetzt) zum Mond fliegen und dort in einen Orbit einschwenken. Der Landekosmonaut wäre durch ein Außenbordmanöver in das LK gewechselt und hätte es zusammen mit dem Block D abgekoppelt, der den Großteil der für die Landung benötigten Bremsverzögerung aufgebracht hätte. 4 km über der Mondoberfläche sollte der Block D abgeworfen werden und die Mondfähre hätte mit ihrem eigenen Antriebssystem (Block E) weiter bis zum Aufsetzen abgebremst.

Nach einem Aufenthalt von 24 Stunden und einem Mondspaziergang von sechs Stunden wäre das LK mit dem eigenen Antriebssystem in einen niedrigen Mondorbit gestartet und hätte dort mit dem Orbitalschiff gekoppelt werden sollen. Nach dem Umstieg des Landekosmonauten sollte es zum Absturz gebracht werden und das LOK anschließend mit beiden Kosmonauten zur Erde zurückkehren und in der kasachischen Steppe landen.

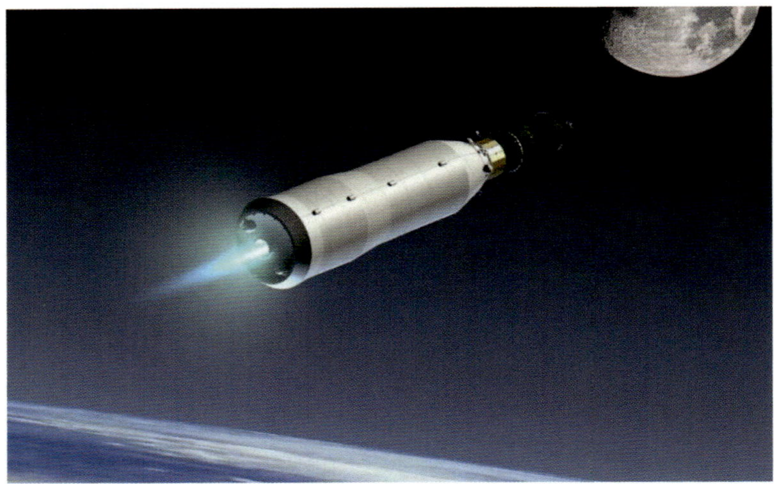

*Abb. 38: Das sowjetische Raumschiff auf dem Weg zum Mond*

**Die Katastrophe**

Durch den Stromimpuls, der das gleichmäßige Anlaufen der Startraketen bewirken sollte, entzündete sich wegen eines Kurzschlusses ausgelaufener Treibstoff und beide N1-Raketen wurden mitsamt der Startplattformen zerstört. Das warf das teilzivile Mondprogramm der UDSSR um Jahre zurück und die politische Führung erholte sich nicht davon.

Obwohl es die Militärs und der KGB besser wussten, sind immer noch viele russische Politiker und ein Teil der Bevölkerung der Überzeugung (weil sie die Geheimprojekte der eigenen Militärs nicht kennen), dass der CIA das Mondprogramm der UDSSR sabotiert hat und beide N1-Raketen zur Explosion brachte.

# RADAR-Verfolgung der Apollo-Missionen

Da nun die sowjetischen Militärs keine Möglichkeit mehr besaßen, an der geplanten Mondlandemission teilzuhaben, mussten sie sich auf die RADAR-Beobachtung und den Funkverkehr beschränken.

Schon seit Mitte der 1950er bauten die Sowjets ihre ABM- und Weltraumüberwachungs-Radaranlagen (ABM = Anti Ballistic Missile) großräumig aus. Ziel der gesamten Struktur war eine komplette Raumüberwachung bis zu einer Entfernung von etwa 40.000 Kilometern. Hierfür wurden Weitbereichs-Radaranlagen geschaffen, die eine lückenlose Abdeckung durch OTH-Geräte (Over The Horizont looking RADARs) gegen vom Weltraum einfliegende Objekte boten. Gleichzeitig sollten sie die Verfolgung von Interkontinentalraketen und die Zielzuweisung der Raumabwehr-Flugkörper gewährleisten. Deshalb wurden drei unterschiedliche RADAR-Gerätekomplexe mit abgestufter Erfassung konstruiert.

## DUGA-Radar (Woodpecker)

Mit diesen Radargeräten sollte ein möglicher Start von Raketen im europäischen und amerikanischen Raum frühzeitig erkannt werden (offizielle Version, Anm. d. Autors).

Aus der hohen Sendeleistung der Duga-Anlagen sowie aus der Pulsfrequenz von 10 Hz lässt sich eine Entdeckungs-Reichweite von bis zu 15.000 km ableiten. Dieses Reichweite konnte jedoch durch spezielle Veränderungen der Radar-Parameter (gestaffelte Impulsfolgen, Vergrößerung der Impulswiederholzeit und durch Impulskompressionsverfahren), sowie die Erhöhung der Sendeleistung bis auf das Dreifache gesteigert werden.

Insgesamt gibt es drei Standorte innerhalb der ehemaligen Sowjetunion, die mit solchen Anlagen der Duga-Serie ausgestattet sind:

- Anlage Duga-1 und Duga-2 nahe Mykolajiw, heute teilweise demontiert.

- Anlage Duga-2 nahe Komsomolsk am Amur, 1989 teilweise demontiert.
- Anlage Duga-3 nahe Tschernobyl, nach der Reaktor-Katastrophe von Tschernobyl teilweise demontiert und in Komsomolsk am Amur zum größten Teil wieder aufgebaut.

*Abb. 39: Der Radar-Komplex von Tschernobyl II*

**Dnestr-Radar (Henhouse)**

Der Bau der Dnjestr-M-Radar-Anlagen, die im transpolaren Bereich (RO-1 in Murmansk) und Lettland (RO-2 in Riga) stationiert wurden, begann von 1963 bis 1964.

Die ersten Dnestr-Radaranlagen, entworfen um vor einem Raketenangriff zu warnen und den Weltraum zu überwachen, kamen in Kasachstan und Sibirien zwischen 1967 und 1968 in den Einsatz.

Der Dnestr-Typ in Kasachstan war die erste sowjetische Radar-Konstruktion, um Satelliten und andere Raumflugkörper zu verfolgen. Im Jahr 1968 wurde eine Radaranlage, bestehend aus acht Dnestr-Radaranlagen, um den Weltraum zu überwachen, erfolgreich getestet. Sie überdeckte mit einer kontinuierlichen Radarbarriereschicht einen Sektor von über 5.000 km Länge und bis zu 3.000 km Höhe. Weitere dieser Radar Zentren wurden zwischen 1968 bis 1972 in der westlichen Ukraine, Krim, Kasachstan, Sibirien und der Kola-Halbinsel gebaut. Auch bei diesen Radarkomplexen ist eine Leistungssteigerung bis zum Dreifachen möglich.

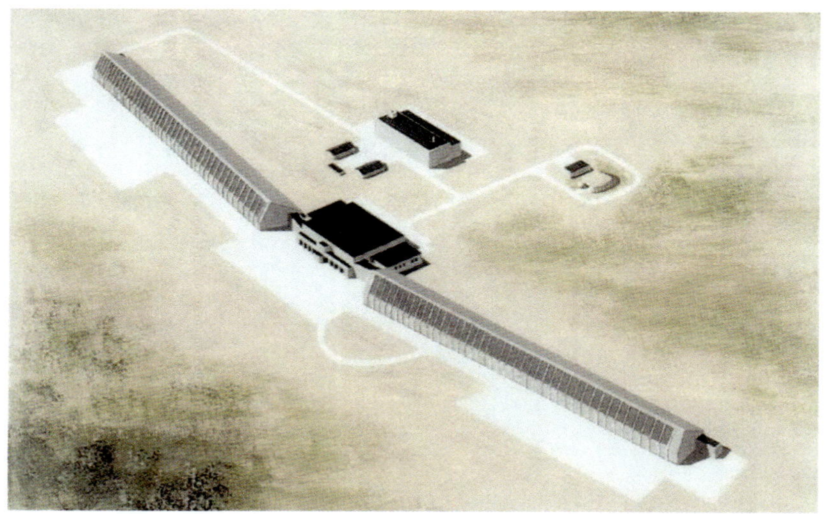

*Abb. 40: Der Radar-Komplex (Zeichnung)*

Anfang der 1970er Jahre begann der Bau der neuen Radaranlagen in der Nähe von Riga Dnepr, Mukachevo, Sewastopol, Irkutsk, und Balchaschsee. Die Hauptunterscheidungsmerkmale der alten Dnepr Radargeräten zu seinen modifizierten Dnepr-M-Versionen sind die verbesserten Signalverarbeitungsverfahren, insbesondere die kohärente Akkumulation von Impulsbursts, bessere Steuerung der Radarantennenstrahlungsmuster und verbesserte Störfestigkeit.

Damit wurde die Radar-Abdeckung im orbitalen Bereich der Erde enorm verbessert. Kaum ein Objekt, ab der Größe einer Melone, konnte unbemerkt die Erde verlassen oder in die Atmosphäre eindringen.

## Dunay-2/3 (Dog House)

Im Jahr 1959 wurde das Projekt eines Anti-Raketen-System unter der Leitung von Chef-Designer des Systems G. Kisunko fertiggestellt.

Das System umfasste die Dunai-2 Long-Range-Radargeräte mit einer Reichweite von 1.200 Kilometern, von der NII-37 unter der Leitung von Chef-Designer V. Sosulnikov konzipiert. Das Hauptbefehls- und Rechenzentrum für das Moskauer ABM-System wurde 70 Kilometer von

Moskau errichtet. Das Gebäude war neben der Antenne des Langstrecken-Erfassungssystems erbaut worden.

Mit diesen Radargeräten, zu dem auch die entsprechenden Waffensysteme wie A-35 ABM gehören, wurden mehrere sowjetische Städte zum direkten Schutz vor einem Angriff aus dem Weltraum ausgerüstet (offiziell gegen westliche IBM, Anm. d. Autors).

*Abb. 41: Antennenkomplex und Auswertungsgebäude des Dunay*

Ab 1968 wurden sämtliche Dunay-2-Geräte auf das erweiterte System Dunay-3 mit einer Mindest-Reichweite von 2.500 km umgerüstet.

## Main Space Intelligence Centre in Moscow-Oblast

In Moskau-Oblast befindet sich das das Hauptquartier des sowjetischen/russischen Militarys Space Surveillance Network. Das Zentrum ist Teil des Space Command der Russian Aerospace Defence Forces und überwacht jeglichen elektronischen Verkehr im irdischen Bereich und erdnahen Weltraum. Gleichzeitig laufen hier alle Meldungen des gesamten sowjetisch/russischen Frühwarnsystems ein und es steuert die russische Raketenabwehr.

Seit 1963 befindet sich in Moskau-Oblast das Centre for Outer Space Monitoring (Zentrum für Weltraumüberwachung) mit den Einsatzmöglichkeiten einer speziellen ausgerüsteten Einsatztruppe für Weltraumoperationen mit entsprechendem Equipment (die einzige auf der Welt! Anm. d. Autors).

Über die gesamten Einsatzgebiete der kompletten Weltraumüberwachung im erdnahen Raum (bis maximal 50.000 km Entfernung), war es den Sowjets möglich alle Apollo-Flüge zu analysieren. Da über die militärische Zusammenarbeit beider Machblöcke die Informationen ausgetauscht wurden und die Sowjets zudem den kompletten Funkverkehr abhörten, konnten die US-Amerikaner die Mondlandungen nicht vortäuschen.

**Mondkarte aller durchgeführten Missionen**

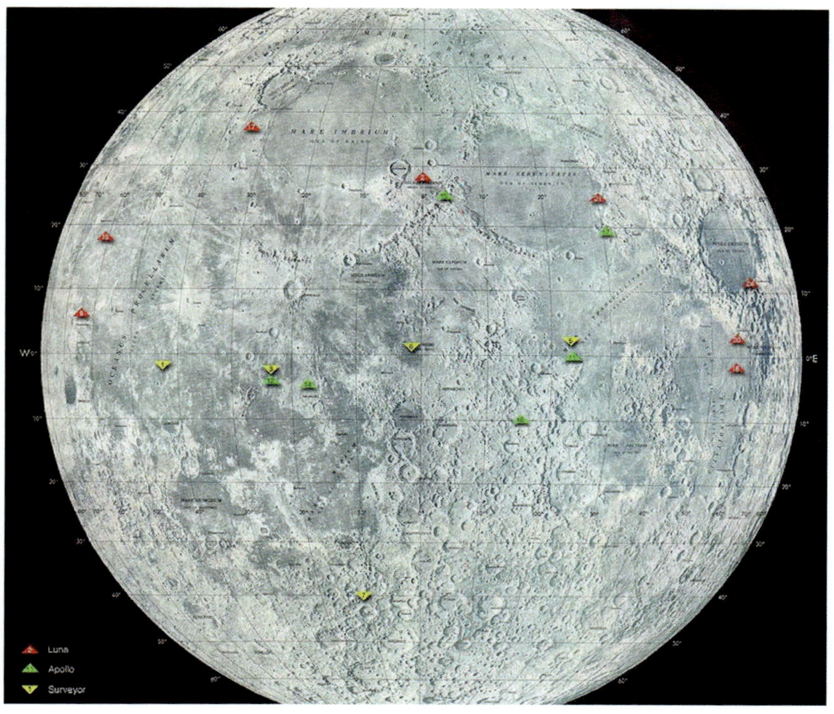


*Abb. 42: Mondkarte mit allen Landeplätzen der USA und UDSSR*

# Apollo 15

## Die Mission

Die Voraussetzung für den Geheimeinsatz der Apollo 20, einer Gemeinschaftsmission der USA und der UDSSR, wurde durch die Mondlandung von Apollo 15 geschaffen.

*Abb. 43: Die Besatzung der Apollo 15*

Anfang Januar 1970, noch vor Bekanntgabe der Besatzung von Apollo 15, wurde der letzte geplante Mondflug, Apollo 20, aus angeblich finanziellen Gründen abgesagt. Im September wurden zwei weitere Flüge, die ursprüngliche Apollo-15-Mission sowie Apollo 19, gestrichen. Die drei verbliebenen offiziellen Flüge 16 bis 18 wurden mit 15 bis 17 neu nummeriert.

Somit wurde Apollo 15 eine Mission vom Typ J mit erweitertem wissenschaftlichem Profil. Die Mondlandefähre LM-10 war gegenüber Apollo 14 stark verbessert worden und erlaubte eine längere Aufenthaltsdauer auf dem Mond. Außerdem konnte ein Mondauto (LRV - Lunar Roving Vehicle) mitgeführt werden. Zusammen mit den verbesserten Lebenserhaltungssystemen (PLSS) der Raumanzüge konnten sich die Astronauten länger im Vakuum aufhalten und große Strecken auf dem Mond zurücklegen.

*Abb. 44: Lunar Roving Vehicle*

Das Fahrzeug fand zusammengeklappt an der Außenseite der Landefähre Platz.

Die Mondlandefähre erhielt den Namen Falcon (Falke), das Apollo-Raumschiff CSM-112 (Command Service Module) wurde nach dem Schiff des Entdeckers James Cook Endeavour benannt.

Die Mondfähre LM-9 (Landing Module) und das Raumschiff CSM-111, die für den gestrichenen Raumflug vorgesehen waren, wurden nicht für Mondflüge eingesetzt. LM-9 wurde später im Kennedy Space Center ausgestellt, während CSM-111 im Jahre 1975 für das Apollo-Sojus-Projekt verwendet wurde. („Apollo 18" war ein Kopplungsmanöver zwischen der CSM-111 und einem Sojus-Raumschiff.)

Die geologische Ausbildung der Astronauten war gegenüber früheren Apolloflügen viel intensiver, um den wissenschaftlichen Anforderungen der Mission Rechnung zu tragen.

Die einzelnen Stufen der Saturn-V-Rakete wurden zwischen Mai und Juli 1970 im Kennedy Space Center angeliefert.

*Abb. 45: Start von Apollo 15*

Die SATURN V mit der Nummer AS-510 startete am 26. Juli 1971 vom Kennedy Space Center, Florida und erreichte kurz darauf den Orbit.

Nach zwei Erdumkreisungen wurde die dritte Stufe ein zweites Mal gezündet und brachte Apollo 15 auf den Weg zum Mond.

Als Landegebiet wurde die Hadley-Rille im Apenninen-Gebirge des Mondes ausgewählt. Damit befand sich der Landeplatz in der Nähe der 1968 durch unbekannte Kräfte zerstörten amerikanischen Mondbasis „Archimedes". Die Landung erfolgte am 30. Juli 1971.

*Abb. 46: Gebiet des (inoffiziellen) Landeplatzes von Apollo 15 (roter Kreis)*

Anschließend wurden die einzelnen Projekte abgearbeitet und dabei auch Fahrten mit dem Mondmobil durchgeführt.

*Abb. 47: Der Lunar-Rover im Einsatz*

Bei seinem Einsatz auf der Mondoberfläche wurde der Lunar Rover dreimal benutzt: David Scott und Jim Irvin legten bei einer Gesamtfahrzeit von 3 Stunden und 2 Minuten 27,8 km zurück. Das ist die offizielle Version. Die Leistungsdaten des LRV waren aber wesentlich höher ausgelegt, als die durchgeführten Fahrten, genauso wie die angegebenen Belastungsgrenzen der Raumanzüge. Demnach hätten die Astronauten jederzeit die Strecke vom Landemodul bis zur Archimedesstation (mit entsprechenden Reserven an Sauerstoff und weiterem benötigten Equipment) ohne Probleme zurücklegen können.

Am 2. August verließ die Mondfähre wieder die Oberfläche und koppelte am Obitalmodul an. Das LRV blieb auf dem Mond zurück.

*Abb. 48: Start vom Mond*

*Abb. 49: Wasserung der Apollo-Kapsel*

Apollo 15 wasserte am 7. August 1971 und wurde von der USS Okinawa geborgen.

## Ergebnisse

*Abb. 50: Der Genesis-Stein*

Die Mannschaft brachte bei dieser Mission 76,8 kg Mondgestein mit auf die Erde, darunter auch den Genesis-Stein.

Chemische Analysen des Genesis-Steins zeigen, dass er aus Anorthosit besteht und während der Entstehung (Genesis) des Sonnensystems vor 4,5 Milliarden Jahren gebildet wurde. Er wurde in einem Krater neben ähnlichen Steinen gefunden.

Weiterhin lieferte Apollo 15 eine Vielzahl an Bilder aus der Umlaufbahn des Mondes, von denen die Fotos von der Rückseite am Interessantesten waren. Einige dieser Fotos zeigten ein großes Gebilde (Geometrische Breite: 10° S - Geometrische Länge: 117.5° E), das in dem Iszak. D. Krater südwestlich vom Delporte Krater lag.

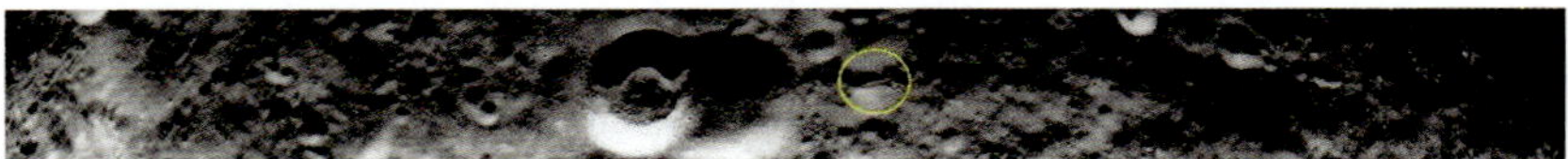

*Abb. 51: NASA-Foto AS15-P-9625*

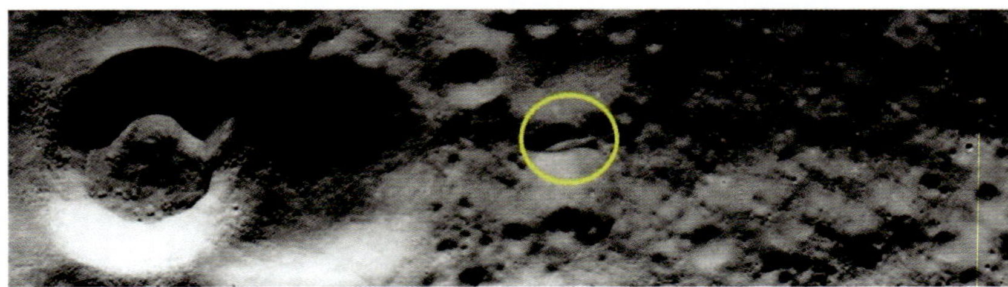

*Abb. 52: NASA-Foto AS15-P-9625 (Teilausschnitt01)*

Die NASA-Wissenschaftler, die das Foto auswerteten, kamen zu dem Schluss, dass es sich bei dem Objekt um ein abgestürztes oder notgelandetes Raumschiff handeln musste. Nach den berechneten Maßen besitzt es eine Länge von knapp vier Kilometern, eine Breite von etwa 400 Metern und eine Höhe von ungefähr 500 Metern. Zudem muss es schon eine sehr lange Zeit auf der Oberfläche des Mondes liegen, denn von den Auswertern vergrößerte und nachbearbeitete Bilder zeigten eine Staubschicht auf der Oberfläche und schwere Meteoritentreffer.

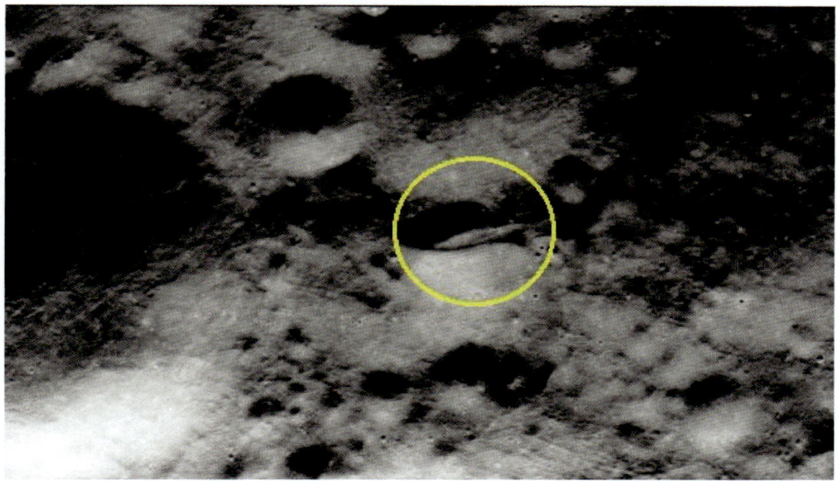

*Abb. 53: NASA-Foto AS15-P-9625 (Teilausschnitt02)*

**Untersuchungsmöglichkeiten des Wracks**

Mitte der siebziger Jahre des letzten Jahrhunderts waren die militärischen Wissenschaftler in der Area 51 schon sehr weit mit Ihren Forschungen über neue (zum größten Teil in Deutschland konfiszierte) Antriebsarten und auch neuartige Flugmaschinen.

Oft genug haben sich die NASA-Astronauten (einige sogar öffentlich, wie Gus Grissom und Roger Chaffee, die in der Apollo-Kapsel S/C 012 verbrannten!) darüber beschwert, dass sie mit völlig veralteter Technik arbeiten mussten. Aber bei Kontrollen und Testflügen mit den unterschiedlichen Fluggeräten traten allerlei Schwierigkeiten auf und mit der Hilfe der Greys war wegen kriegerischer Auseinandersetzungen zu diesem Zeitpunkt nicht zu rechnen:

- Absturz des Prototyps Delta02/FX Mitte 1962 auf dem Mars.

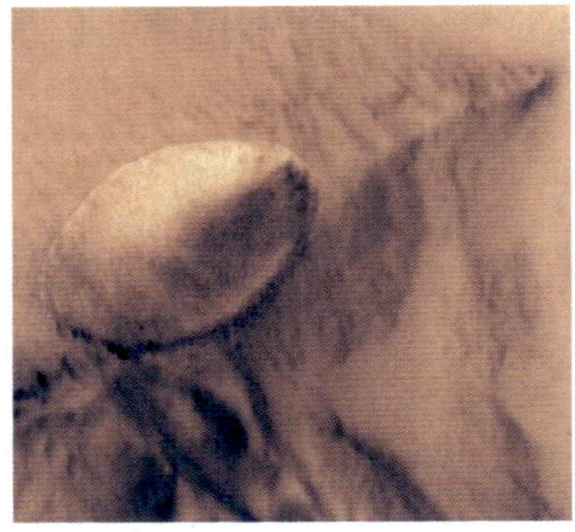

Möglicherweise handelt es sich bei dem Foto um den Flugkörper, der mit einer kombinierten amerikanisch-sowjetischen Besatzung im Jahre 1962 den ersten Marsflug mit Landung unternommen und den Film darüber zur Erde gesendet hatte.

*Abb. 54: MOC narrow-angle image AB1-08505 vom 07.01.1998 (Teilausschnitt)*

➢ Die Umrüstung auf irdische Verhältnisse der von den Greys überlassenen Flugscheibe „Sportmobile" wurde gerade durchgeführt und die zukünftigen Piloten dieser Maschine waren für so eine Mission noch nicht genügend ausgebildet.

*Abb. 55: Einflug der Grey-Flugscheibe „Sportmobile" in eins der getarnten Hangartore der Papoose-Base S4*

➢ Irdische Fluggeräte, in der Area 51 getestet, zeigten allerlei Probleme mit dem Gravitationsantrieb der Greys und dem Einsatz von Modifikationen der erbeuteten deutschen Technologie (Vril- und Haunebu-Antrieb). Des Weiteren war das Konzept der TR-3B noch nicht fertig und die Maschine existierte nur auf dem Reißbrett.

*Abb. 56: Die TR-3B über einem Feld in England (Ende der 1980er)*

➢ Auch Fluggeräte mit einem Kernimpulsantrieb kamen in der Area 51 zum Einsatz. Deren Projekte wurden aber nach nur wenigen Testflügen der Prototypen eingestampft, weil sie sich den Anforderungen der Militärs nicht stellen konnten.

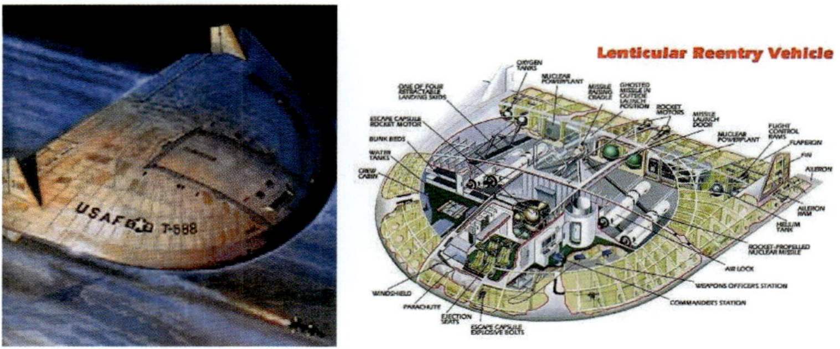


*Abb. 57 und Abb. 58: Grafiken des LRV (Lenticular Reentry Vehicle) aus dem Jahre 1962*

➢ Untersuchungen des entdeckten Objektes auf der anderen Seite des Mondes durch Personal der beiden Mondbasen Cassini und Archimedes war nicht möglich, da beide Stützpunkte aus nicht bekannten Gründen 1968 zerstört wurden.

Deshalb konnte man zu diesem Zeitpunkt keinen militärischen Einsatz zur Erforschung des Riesenschiffes auf dem Mond durchführen. So wurde im Jahr 1973 vom Militär eine geheime Apollo-Mission beschlossen, die die Aufgabe erledigen sollte. Dafür mussten aber erst die Vorbereitungen getroffen werden.

### Apollo-Sojus-Test-Projekt

Das Apollo-Sojus-Test-Project (ASTP) (fälschlich auch Apollo 18) war die erste offizielle US-amerikanisch-sowjetische Kooperation in der Weltraumfahrt (politisch gesehen, nicht militärisch). Ein Apollo- und ein Sojus-Raumschiff koppelten am 17. Juli 1975 in der Erdumlaufbahn aneinander an, so dass die Raumfahrer von einem Raumschiff ins andere umsteigen konnten. Die Mission stellte einen Einschnitt in die bis dahin angeblich streng getrennten und im Wettbewerb stehenden Weltraumprogramme der Supermächte dar.

*Abb. 59: Missionsemblem*

Die Raketentechnik war eine maßgebliche Basis des (fingierten) Wettrüstens geworden, und so war die friedliche Zusammenarbeit im Weltraum ein politischer Publizitätserfolg und ein pazifistisches Signal. Soweit lautet die offizielle Erklärung für dieses Projekt. In Wirklichkeit wurde hierbei eine sowjetische Rettungsoperation getestet, falls bei der geplanten Mission zur Aufklärung des entdeckten Objektes auf der dunklen Seite des Mondes etwas schiefgehen sollte oder die Sowjets die Amerikaner unterstützen mussten.

Das sowjetische Raumschiff Sojus 19 wurde mit einer Sojus-U-Rakete gestartet. An Bord waren Kommandant Alexei Leonow, der mit

Woschod 2 bereits Weltraumerfahrung und dabei den ersten Außenbordeinsatz unternommen hatte, und Flugingenieur Waleri Kubassow, der mit Sojus 6 im All gewesen war.

Das amerikanische Apollo-Raumschiff hatte keine offizielle Nummer. Da die letzte Apollo-Mission zum Mond Apollo 17 war, wurde fälschlicherweise oft die Bezeichnung Apollo 18 verwendet.

Im Gegensatz zu den meisten anderen Apollo-Missionen hatte das Raumschiff zwar eine Seriennummer (CSM-111), aber kein eigenes Rufzeichen. Ursprünglich war dieses Raumschiff für Apollo 15 vorgesehen. Nachdem aber das Mondlandeprogramm gekürzt wurde, startete Apollo 15 im Juli 1971 mit einem erweiterten Raumschiff CSM-112. Das Exemplar CSM-111 wurde zurückgestellt, bis sich mit dem Apollo-Sojus-Flug eine Mission fand, die dafür geeignet war.

Als Rakete diente eine Saturn 1B mit der Seriennummer AS-210. Der Start erfolgte von der modifizierten und durch einen Aufsatz erhöhten Startplattform.

*Abb. 60: Sojus-Start*

*Abb. 61: Start der Saturn 1B*

Am gleichen Tag, dem 15. Juli 1975, starten vom Kosmodrom in Baikonur und dem Kennedy Raumfahrtzentrum in Florida beide Raumschiffe ins All.

*Abb. 62: Die Besatzungen der beiden Raumschiffe*

Zwischen der Bekanntgabe der Mannschaft Anfang 1973 und dem Start im Juli 1975 lagen knapp 2 ½ Jahre, das ist mit Abstand die längste Vorbereitungszeit einer Apollo-Besatzung überhaupt.

Da das amerikanische und das sowjetische Kopplungssystem nicht zueinander passten und zudem die Raumschiffe unterschiedliche Atmosphären an Bord hatten (Luftdruck und Atemgemisch), konnten Apollo und Sojus nicht direkt koppeln. Beide Seiten benutzten Systeme, bei denen je einem Raumfahrzeug die aktive und bei dem Anderen die passive Seite des Kopplungsvorganges schon konstruktiv fest zugewiesen war. Für diesen Einsatz wurde ein Universal-Kopplungssystem entwickelt, bei dem jede der beiden Seiten sowohl die aktive als auch die passive Rolle übernehmen konnte. Die Zentrierung beim Andocken wurde nicht mehr durch einen Andockdorn auf der aktiven und einen dazu passenden Trichter auf der passiven Seite, sondern durch je drei schrägstehende Metallplatten, die zwischen die des Gegenstücks griffen, gewährleistet. Während dieser Universalkopplungsstutzen an der Sojus-Orbitalsektion direkt einbaubar war, war die Modifizierung der Apollo-Kommandoeinheit deutlich aufwändiger. Um die Kommandoeinheit beim letzten geplanten Einsatz nicht völlig umkonstruieren zu müssen, ließ die NASA einen Kopplungsadapter mit dem bisherigen Mondfähren-Kopplungsstutzen auf einer und dem Universalkopplungsstutzen auf der anderen Seite entwickeln. Dieser Adapter fungierte gleichzeitig als Luftschleuse für den Übergang von einer Kabinenatmosphäre auf die andere. Während des Starts war der Dockingadapter in der Oberstufe der Saturn-IB-Rakete verstaut. In der Erdumlaufbahn zog die Apollo dann den Adapter wie die Mondfähre bei den vorangegangenen Mondmissionen aus der Verkleidung. Der Dockingadapter befand sich damit an der Spitze der Apollo-Kommandokapsel.

*Abb. 63: Der Andockvorgang des Apollo-Sojus-Projektes*

Als Atmosphäre an Bord der Apollo wurde reiner Sauerstoff mit einem Druck von 34 % der Erdatmosphäre verwendet. An Bord der Sojus wurde dagegen normale Luft (Stickstoff-Sauerstoff-Gemisch) unter normalem Druck geatmet. Der übliche Druck von 100 % der Erdatmosphäre wurde für diese Mission auf 68 % bei einem erhöhten Sauerstoffanteil reduziert, damit sich beim Umsteigen von einem Raumschiff in das andere die Atmung leichter anpassen konnte. Damit verringerte sich die zu Anfang mit zwei Stunden veranschlagte Umstiegszeit auf nur noch eine Stunde.

**Missionsübersicht**

Die sowjetische Sojus 19 startete am 15. Juli 1975 vom Kosmodrom Baikonur. Es war der erste sowjetische Raketenstart, der international live im Fernsehen übertragen wurde.

Genau siebeneinhalb Stunden später startete in Cape Canaveral das Apollo-Raumschiff. Da sich zu dieser Zeit zwei weitere Kosmonauten an Bord der sowjetischen Raumstation Saljut 4 befanden, waren damit sieben Raumfahrer gleichzeitig im All.

In der Erdumlaufbahn zog das Apollo-Raumschiff das Dockingmodul aus seiner Halterung.

Sichtkontakt der beiden Raumschiffe am 17. Juli.

Bei der Kopplung der beiden Raumschiffe übernahm Apollo die aktive Rolle.

Bei mehreren Gelegenheiten wechselten die Raumfahrer in das jeweilig andere Raumschiff. Dabei blieb jedes Raumschiff zu jeder Zeit mit mindestens einem Raumfahrer besetzt.

Nach 44 Stunden gemeinsamen Fluges trennten sich Apollo und Sojus für eine halbe Stunde. Apollo schob sich vor die Sonne, um für die Sojus-Kosmonauten eine künstliche Sonnenfinsternis zu erzeugen.

Zweites Docking, dieses Mal war Sojus das aktive Raumschiff. Die Raumfahrer stiegen dabei aber nicht mehr in das andere Raumschiff um.

Drei Stunden später entkoppelten sich die beiden Raumfahrzeuge endgültig.

Sojus 19 verließ die Erdumlaufbahn und landete am 21. Juli 1975 in der Wüste von Kasachstan. Die Landung wurde erstmals im Fernsehen übertragen.

Die Apollo-Landekapsel wasserte am 24. Juli 1975 im Pazifischen Ozean bei 21°52'N und 162°45'W und wurde von der USS New Orleans geborgen.

**Neue Erkenntnisse**

Ende 1975 entdeckten die Wissenschaftler bei erneuter Überprüfung der Apollo-15-Fotos zwei dreieckige Objekte in der Nähe des großen Schiffes.

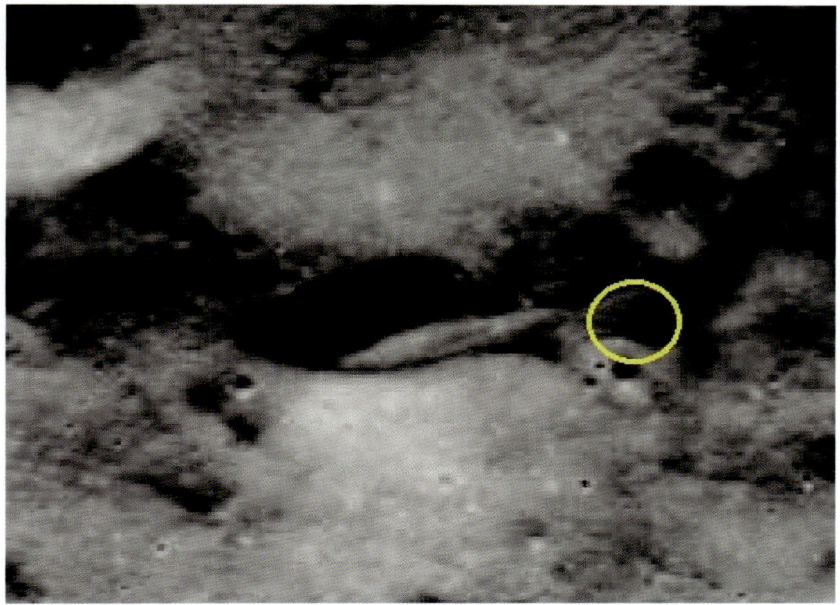

*Abb. 64: An dieser Position (gelber Kreis) liegen die beiden Dreieckschiffe*

Nach Vermessung der Objekte stellten die Wissenschaftler fest, dass beide Gebilde identisch waren. Der Lage nach und durch die Umgebung in der sie gefunden wurden, bewertete man sie mit dem gleichen Alter, wie das große Schiff. Man vermutete sogar, dass es sich hierbei um Shuttles handelte, die als Beiboote fungiert hatten. Deshalb wurden sie auch als „Shuttles" bezeichnet und in die vorgesehene Mission zur Untersuchung von Apollo 19 und später Apollo 20 übernommen.

# Missionsvorbereitungen für Apollo 19/20

## Die Crews der beiden Raumschiffe

Für weitere Untersuchungen der unbekannten Objekte wurden die zum größten Teil noch nicht ausgewerteten Fotos der Lunar Orbiter 4 und 5 herangezogen. Diese beiden Orbiter hatten die gesamte Mondoberfläche mit einer Auflösung von 60 Metern kartiert.

Mit Hilfe dieser Fotos ergab sich für die Wissenschaftler ein Alter von mehreren zehn Millionen Jahren für das riesige Objekt. Datiert wurde es auf Grund der Ablagerungen auf und neben dem Schiff und den Einschlagsspuren von Meteoriten. Damit stand für die Wissenschaftler eindeutig fest, dass es älter war als die Menschheit. Deshalb kollidierte dieses Faktum mit allen religiösen Anschauungen, denn es konnte durchaus möglich sein, dass der Mensch nicht von Gott sondern durch andere Wesen geschaffen wurde. Aus diesem Grund gab es für die ausgewählten Astronauten nur die eine Prämisse, sie mussten Atheisten sein.

Da sich auch die sowjetischen Militärs mit dem Großraumschiff auf dem Mond beschäftigten, wurde wegen der geheimen Zusammenarbeit der beiden Supermächte ein gemeinsames Projekt aufgebaut, wobei zwei Astronauten und ein Kosmonaut daran teilnehmen sollten. Des Weiteren wurde beschlossen, dass das Orbitalmodul durch einen weiblichen Astronauten besetzt werden sollte.

Die Crew von Apollo 19:

CSM: Major Stephanie Ellis, geboren 1946 in Abidjan (Elfenbeinküste). Im Alter von sieben Jahren immigrierte sie mit ihren Eltern in die USA.

LM: Die Namen des Astronauten und des Kosmonauten sind leider nicht bekannt.

Die Crew von Apollo 20:

CSM: Dr. Leona Marietta Snyder von den Bell Laboratories.

LM: Commander William Rutledge, ein amerikanisch-belgischer Extrem-Testpilot der USAF, der sehr gut in russischer Flugzeugtechnologie ausgebildet war.

Major Alexei Leonow, der als erster Mensch im Weltraum außerhalb seiner Raumkapsel agierte und mehrfache Weltraumflüge unternommen hatte.

Auf Grund der extremen Geheimhaltung der beiden Apollo-Flüge erhielten die neu konzipierten Raumanzüge weder Embleme noch Hoheitszeichen. Das galt auch für das gesamte Equipment.

## Der Startplatz

Für die Mission zur Erforschung des großen Objektes auf der Rückseite des Mondes musste ein neuer Startplatz gefunden werden. Cape Canaveral stand zu stark im Interesse der Bevölkerung und das Starttriebwerk einer Saturn V entwickelte einen Geräuschorkan, der bis zu einer Entfernung von über 50 km zu hören war. Da zu diesem Zeitpunkt die Starts von Raketen auf dem Kennedy Space Center relativ selten gewesen waren, hätte das die Aufmerksamkeit der Bevölkerung und aller Journalisten der ganzen Welt hervorgerufen. So kam keiner der Startplätze dort dafür in Frage.

*Abb. 65: Die Startplätze auf Cape Canaveral*

## Vandenberg AFB

Aus strategischen Erwägungen entschied man sich für das militärische Raketenabschusszentrum der Air Force Base Vandenberg in Kalifornien.

Hierbei handelt es sich um eine Luftwaffenbasis der US Air Force, die ausschließlich als Raketenstartplatz dient und an der Pazifikküste in Kalifornien zwischen Los Angeles und San Francisco liegt. Sie ist nach General Hoyt S. Vandenberg benannt und erstreckt sich über ungefähr 40 Kilometer entlang des Pazifiks. (Der Weltraumbahnhof wird heute allerdings auch für zivile Starts von der NASA genutzt.) Der erste Start erfolgte am 28. Februar 1959, wobei der Erdsatellit Discoverer 1 von Vandenberg aus in eine polare Erdumlaufbahn gebracht wurde.

Das Gelände liegt abgelegen an der Küste und ist militärisches Sperrgebiet. Täglich wurden hier zwischen 1960 und 1980 Raketentriebwerke getestet und beinahe wöchentlich erfolgte der Start einer Rakete. Da die Geräuschentwicklung eines Starttriebwerkes der Saturn 1B oder Atlas-Rakete beinahe genauso laut war, wie das der Saturn V, gingen die Militärs davon aus, dass die wenigen Menschen, die außerhalb des Sperrgebietes lebten, an den Geräuschpegel gewöhnt waren und ihnen der Unterschied nicht auffiel.

*Abb. 66: Vandenberg AFB Ende der 1960er*

Die Plattform SLC-4W war als einzige in der Lage, große Trägerraketen (ATLAS, TITAN und SATURN 1B ausgerüstet mit schweren Spionagesatelliten oder Atomsprengköpfen) zu starten.

Für den Start einer Saturn V war sie jedoch nicht ausgelegt. Deshalb mussten ab Mai 1975 bis zum Starttermin diverse Veränderungen vorgenommen werden.

*Abb. 67: Die Startplattform SLC-4W Mitte der 1960er, bestückt mit einer TITAN*

*Abb. 68: Vandenberg SLC-4W heute*

Auf Cape Canaveral erfolgte der Zusammenbau der SATURN V-Komponenten mit dem Startturm innerhalb des Fertigungsgebäudes auf dem Crawler. Diese Möglichkeit bestand in Vandenberg jedoch nicht.

*Abb. 69: Transport der Saturn V aus dem Konstruktionsgebäude auf Cape Canaveral*

## Der Crawler

Die Crawler-Transporter sind spezielle Kettenfahrzeuge, um von der NASA sogenannte Vehicle Assembly Buildings (VAB) auf der Crawler-Straße zum Startkomplex 39 zu befördern. Sie wurden ursprünglich verwendet, um die Saturn IB und Saturn-V-Raketen während des Apollo-, Skylab- und Apollo-Soyuz-Programms zu transportieren. Die Raupentransporter tragen Raketen und Startturm auf der mobilen Startplattform und kehren nach jedem Start damit in den Konstruktionskomplex zurück, um ein neues VAB aufzunehmen.

Die beiden Raupentransporter wurden von Marion Power-Shovel entworfen, mit den entsprechenden Komponenten entwickelt und von Rockwell International gebaut. Der Crawler-Transporter ist das größte Landfahrzeug mit Eigenantrieb auf der Welt.

*Abb. 71: Der Crawler-Transporter auf dem Weg ins Konstruktionsgebäude*

Der Crawler-Transporter hat eine Masse von 2,721 Millionen Kilogramm und acht Raupenketten, zwei an jeder Ecke. Das Fahrzeug misst etwa 40 m in der Länge und 35 m in der Breite. Die Höhe vom Boden der Plattform ist einstellbar zwischen 6,1 m bis 7,9 m und jede Seite kann unabhängig voneinander angehoben und abgesenkt werden.

Der Crawler verwendet ein Laserführungssystem und eine Niveauregulierung, um die mobile Ebene der Startplattform innerhalb von 10 Bogenminuten (ca. 30 cm an der Spitze der Saturn-V) während des Anhebens von 5 Grad zur Startebene, zu halten.

Ein separates Laser-Dockingsystem ermöglicht eine hohe Präzision zwischen dem Crawler-Transporter und der mobilen Startplattform bei der Positionierung des VAB oder auf der Startrampe. Ein Team von fast

30 Ingenieuren, Technikern und Fahrern sind notwendig, um das Fahrzeug zu bewegen.

### Transport der einzelnen Apollo-Module

Da in Vandenberg AFB kein geeigneter Startplatz außer der SLC-4W, zur Verfügung stand, selbst der neugebaute Komplex 6 reichte nicht aus, wurde einer der Reserve-Startkomplexe im Kennedy Space Center zerlegt und der Transport auf dem Seeweg durchgeführt. Zudem verlegte man einen Crawler, ebenfalls auf dem Seeweg, nach Vandenberg. Eine einfache Montagehalle, anschließend für die Space-Shuttle-Militärmissionen reserviert, wurde für den Zusammenbau der Saturn V benutzt. Der Startturm war das gleiche Modell wie auf Cape Canaveral, der Crawler ebenfalls. Damit war es nun möglich, die modifizierte Plattform SLC-4W zu benutzen.

Nun mussten noch die Komponenten der Saturn V einschließlich des Raumschiffes vom Kennedy Space Center nach Vandenberg AFB transportiert werden. Dafür benutzte man ein spezielles Flugzeug, genannt „Guppy".

### Der Spezialtransporter „Guppy"

Als die NASA begann, immer größere Raketenteile zu planen, wurde schnell klar, dass diese nur über den Luftweg transportiert werden konnten. So gab die NASA bei Aero Spacelines den Umbau einiger ausgemusterter Boeing 377 Stratocruiser in Auftrag. Die Boeing 377 war die zivile Version des C-97 Stratofreighter, einer Entwicklung auf Basis des Bombers Boeing B-29.

Beim Entwurf der C-97 wurden im Grunde genommen nur der Rumpf neu entworfen und der Antrieb geändert, das Tragwerk und die Leitwerke aber von der B-29 übernommen. Ab der siebten Maschine kamen dann das Seitenleitwerk und die Triebwerke der Boeing B-50 Superfortress zur Anwendung.

Die militärische C-97 Stratofreighter wurde in 77 Exemplaren gebaut; hinzu kamen 811 Stück der Tankerversion KC-97. Vom zivilen Passagierflugzeug Boeing 377 wurden nur 56 Maschinen produziert, die größtenteils am Ende der 1950er-Jahre ausgemustert wurden. Einige dieser Maschinen, die überwiegend in einem sehr guten Zustand waren und nur wenige Flugstunden aufwiesen, wurden für die Guppy-Umbauten verwendet.

Als Guppy werden Umbauten von Flugzeugen der Typen Boeing 377 Stratocruiser und Boeing C-97 Stratofreighter bezeichnet, die durch eine Vergrößerung des Rumpfes auffallen. Ausgeführt wurden sie von der US-amerikanischen Firma Aero Spacelines (zunächst in Van Nuys bei Los Angeles, dann in Santa Barbara, ebenfalls in Kalifornien). Frachtraumbreite und -höhe sind sogar etwas größer als beim Airbus Beluga, die Frachtraumlänge ist allerdings deutlich geringer. Ihren Namen haben die Flugzeuge von einem Fisch: Guppys sind lebendgebärende Fische, die während der Trächtigkeit einen erheblich aufgeblähten Bauch aufweisen – somit ergaben sich Assoziationen zwischen dem Flugzeug und dieser Fischart, die zu dem Namen des Flugzeugs führten.

Die Guppy-Umbauten lassen sich in drei Serien unterteilen, die als Pregnant Guppy, Super Guppy und Mini Guppy bezeichnet werden.

Die Firma On Mark Engineering baute eine B-377 im Auftrag von Aero Spacelines zum Raketentransporter um; letztere hatte den Umbau entworfen. Die Maschine war ein ehemaliges Passagierflugzeug der Pan Am. Diese erste Version wurde als Pregnant Guppy (Schwangerer Guppy) bezeichnet und startete am 19. September 1962 zu ihrem Erstflug.

Beim Umbau wurde der Stratocruiser-Rumpf im hinteren Abschnitt um 5,08 m verlängert und die obere Rumpfschale durch eine Neukonstruktion mit größerem Durchmesser ersetzt. Dadurch wurde die Frachtraumhöhe von ursprünglich 2,74 m auf 6,20 m angehoben.

Nachdem sich gezeigt hatte, dass die Maschine in allen Flugzuständen stabil und steuerbar war, entfernte man den oberen Teil des ursprünglichen Rumpfes innerhalb der neu aufgebauten größeren Hülle und gestaltete den hinteren Rumpfteil als abnehmbares Element.

Der gesamte Heckbereich mit dem Seitenleitwerk konnte vom Rumpf abgetrennt werden, um so die großen Trägerraketenstufen für die amerikanische Weltraumbehörde NASA problemlos laden zu können. Bis zu seiner Ausmusterung diente er der NASA als Transporter.

## Super Guppy

Die Super Guppy (SG-201) war noch größer und verfügte über einen Turbopropantrieb, bestehend aus vier T34-Propellerturbinen (Pratt & Whitney T-34P7), während die Pregnant Guppy noch mit Kolbentriebwerken angetrieben wurde. Die Rumpflänge wurde auf 43,05 m erhöht, die Frachtraumhöhe auf 7,77 m.

*Abb. 72: Flugtransporter vom Typ Super Guppy*

Der Bau und die damit zusammenhängende Notwendigkeit zum Transport der neuen Saturn-V-Raketenstufen (Apollo-Programm) machten den Bau dieses riesigen Transporters erforderlich.

Nach dem Umbau wurde es möglich, maximal 18,6 Tonnen zuzuladen. So konnten alle Baugruppen der Saturn V-Rakete von den Werken direkt zur Fertigungshalle auf dem Kennedy Air Force Center transportiert werden.

Mit der Super Guppy wurden auch die Komponenten für Apollo 19 und 20 zur Vandenberg AFB transportiert.

*Abb. 73: Verladen der Saturn V Startstufe in die Super Guppy*

*Abb. 74: Verladen der modifizierten Apollokapsel in den Guppy-Transporter*

## Spezielles Equipment

Natürlich ist es naiv anzunehmen, dass die Astronauten zum Mond fliegen, dort eine Sightseeing-Tour durch das große Raumschiff und die weiteren entdeckten Objekte vornehmen sollten. Im Gegenteil, die Militärs und Geheimdienstler waren sich im Klaren, dass es Schwierigkeiten geben würde, an Bord des Schiffes zu gelangen. Deshalb erhielten die Astronauten Detektoren zum Auffinden einer Schleuse oder Schwachstelle im Rumpf und entsprechenden hochbrisanten Sprengstoff zum Aufschweißen von dicken Metallplatten. Damit sollten sie ins Innere gelangen. Weiterhin war man sich auch bewusst, dass eine komplette Untersuchung des riesigen Raumschiffes in einem so kurzen Zeitraum, wie er den Astronauten zur Verfügung stand, unmöglich war.

Die Astronauten sollten lediglich ein oder zwei Räume aufsuchen und für die Auswertung in der Papoose Base S4 filmen. Wenn möglich, sollte es sich dabei um ein Laboratorium und den Kontrollraum des Schiffes handeln.

Neben den Filmaufnahmen hatten sie dabei noch Proben einzusammeln, die man ebenfalls analysieren konnte. Das gleiche galt auch für die weiteren entdeckten Objekte (Basis und Shuttles) in unmittelbarer Nähe des Landeplatzes von Apollo 19 bzw. Apollo 20.

Die Apollo-Raumschiffe mussten für die Missionen umgebaut werden. Sie erhielten abgeänderte Antriebe, die bei gleicher Treibstoffzuladung wesentlich höhere Leistung erzielten. Das war notwendig, um ihre Lunar Service Module mit der vermuteten Ladung zur Erde transportieren zu können. Zusätzlich wurde der Aufenthaltsraum des CSM mit den drei Sitzen geräumiger ausgestattet. Das erfolgte durch platzsparendere Elektronik und die entsprechende Instrumentierung.

Wie die Apollo-Raumschiffe wurden die Treibwerke der Landefähren modifiziert, um den zusätzlichen Ballast der Spezialausrüstung und den schwereren Mondrover sicher auf dem Mond landen zu lassen.

Die Lunar Module waren im Gegensatz zu den früheren Modellen, wesentlich geräumiger aufgebaut und besaßen, wie die anderen Teile, neben dem neuen Lebenserhaltungssystem ebenfalls modifizierte Triebwerke. Schließlich mussten sie außer den Männern, die im Wrack auf dem Mond vermuteten Gegenstände, die die Astronauten bergen sollten, in die Umlaufbahn tragen können. Weiterhin befanden sich in Zusatzbehältern zwei Landefallschirme, damit das LM nach der Trennung über der Erde (im Gegensatz zu früher, wo die LM auf den Mond gezielt zum Absturz gebracht wurden) die Landung gemeinsam mit der Apollokapsel durchführte. Denn die Ladung konnte nicht in die Apollokapsel übernommen werden und sollte deshalb im LM verbleiben.

Für den Transport der Gerätschaften auf der Mondoberfläche erhielten die Landefähren modifizierte LRVs (Lunar Roving Vehicles). Diese LRVs besaßen für einen erweiterten Radius stärkere Motoren und Batterien und waren damit in der Lage auch schwerere Lasten zu befördern.

*Abb. 70: Der modifizierte Lunar Rover im Wüstentest*

## Apollo 19

Die erste Mission zum Mond, die das Riesenschiff, die beiden Dreieckobjekte und die Basis aufklären sollte, war Apollo 19.

Das Apollo-Raumschiff hieß ENDYMION und der Name des Lunar Modules war ARTEMIS.

Von den Namen der Besatzung, einer Kooperation zwischen zwei amerikanischen Astronauten und einem Kosmonaut der UDSSR, ist nur der der Frau bekannt, die im CSM verbleiben sollte. Der CSM von Apollo 19 war Major Stephanie Ellis, geboren 1946 in Abidjan (Elfenbeinküste).

Apollo 19 (wie Apollo 20 auch) war eine überaus gefährliche und extrem lange Missionen (Dauer insgesamt 11 Tage, davon 7 Tage auf dem Mond), da hierbei neue, noch nicht erprobte Techniken eingesetzt werden sollten. Im Gegensatz zu den früheren Mondmissionen, wobei die Raumschiffe nach dem Start einen Tag lang um die Erde gekreist waren, erfolgte bei dieser Mission sofort nach dem Dockingprozess des LM (Lunar-Modul) der Abflug in Richtung Mond. Des Weiteren besaß die die 2. Stufe der Saturn modifizierte Triebwerksauslässe, die das Abkoppeln der ersten Stufe oberhalb der Erdatmosphäre ermöglichte. So war gewährleistet, dass wegen der Geheimhaltung keine verdächtigen Trümmerstücke zur Erde fielen.

Der Start der Saturn V erfolgte am 2. Februar 1976 von der Plattform SLC-4W.

Der gesamte Funkverkehr mit Vandenberg AFB sowie die Videoübertragungen während der Mission, liefen dabei über Frequenzen, die normalerweise nicht benutzt werden. Zudem waren sie extrem hoch verschlüsselt, so dass gewöhnliche militärische und zivile Erfassungsstationen keine Möglichkeiten besaßen mitzuhören und mitzubeobachten.

Auf der sowjetischen Seite kontrollierten die Militärs den Ablauf der Mission aus einer geheimen Anlage nahe Swerdlowsk (heute Jekaterinburg) im Ural.

Auf dem Weg zum Mond brach die Telemetrie zusammen und das Schiff ging mit der Besatzung verloren. Möglicherweise wurde Apollo 19 durch Meteoriten zerstört.

*Abb. 75: Zerstörung der Apollo 19*

Alles geschah so schnell, dass keinerlei Daten von Apollo 19 übermittelt werden konnten. Auch die weitreichenden Satellitenverfolgungssysteme (Radargeräte wie WOODPECKER und HENHOUSE in der UDSSR) stellten lediglich das unvermittelte Verlöschen des Radarsignals fest. Höchstwahrscheinlich gibt es deshalb keine (auch nicht inoffizielle) Informationen über das Unglück.

So erfolgte die zweite Aufklärungsmission zur dunklen Seite des Mondes knapp ein halbes Jahr später.

## Apollo 20

### Das Apollo 20-Logo

Mittlerweile ist das Logo der Apollo 20-Mission durch die YouTube-Clips von William Rudledge bekannt. Nur dessen Bedeutung sollte man sich einmal genauer anschauen:

*Abb. 76: Emblem der Apollo 20 Mission*

Dieses Emblem gibt deutlich die Denkweise der ehemaligen Militärs und Geheimdienste wieder.

Neben der Aufschrift von der Mission „APOLLO 20" zeigt das Logo den Mondlander und das Apollo-Raumschiff, die verbunden durch Schlaufen den Riesenraumer von der Mondoberfläche davontragen. Natürlich ist das nur symbolisch gemeint, vielmehr bedeutet es dass man das abgestürzte Schiff erforschen und ausrauben will, so wie es die Militärs und Geheimdienste beider Supermächte mit allen gefunden Raumschiffen tun.

Am unteren Rand stehen die Namen der Missionsteilnehmer.

Was aber noch viel wichtiger ist, zeigt der blassrote Schriftzug am rechten Rand des Bildes: „CARPENT TUA POMA NEPOTES". Aus dem Lateinischen übersetzt heißt das: „Deine Nachkommen werden deine Früchte ernten".

Die englische Ausgabe von Wikipedia übersetzt es frei: Es ist eine rechtliche und wirtschaftliche Metapher: „Die Kinder werden von der Familie Land und Bauernhof, oder allgemeiner, jeden Familienbesitz, Kapital, Waren und Landbesitz erben."

Damit wird deutlich, wie diese Menschen denken. Sie betrachten das Raumschiff als Eigentum und sich selbst als Erben der Fremden (mit der Möglichkeit, dass wir sogar von den Außerirdischen abstammen). Alles wird als Eigentum der Menschheit, speziell der Supermächte, angesehen und ist so für sie frei verfügbar. Lediglich die strikte Geheimhaltung beweist, dass man Technologie zu finden hofft, die man für den eigenen Machtausbau und gegen die „Feinde der Supermächte" (Greys und die 3. Macht) verwenden kann.

**Apollo 20 Start**

Im Gegensatz zur ehemals vorgesehen Apollo 20-Crew, bestand die Besatzung wegen der strikten Geheimhaltung und der sowjetischen und amerikanischen Cooperation der Mission genauso wie bei Apollo 19 aus einer neuen Mannschaft, die spezielle auf die Gegebenheiten vorbereitet wurde. Sie setzte sich zusammen aus dem russischen Kosmonauten Major Alexei Leonow, der als erster Mensch im Weltraum außerhalb seiner Raumkapsel agierte, Dr. Leona Marietta Snyder von den Bell Laboratories und Commander William Rutledge, einem amerikanisch-belgischen Extrem-Testpiloten der USAF, der sehr gut in russischer Flugzeugtechnologie ausgebildet war. Innerhalb kürzester Zeit wurden die Astronauten auf die Mission vorbereitet und dementsprechend trainiert.

Anfang Juli fand der Transport der einzelnen Stufen und des Raumschiffes mit Hilfe der Superguppy-Flugzeuge vom Kennedy Space Center zur Vandenberg AFB statt. Dort wurden sie in dem entsprechenden Gebäude auf dem Crawler zusammengebaut und zur Startplattform SLC-4W befördert.

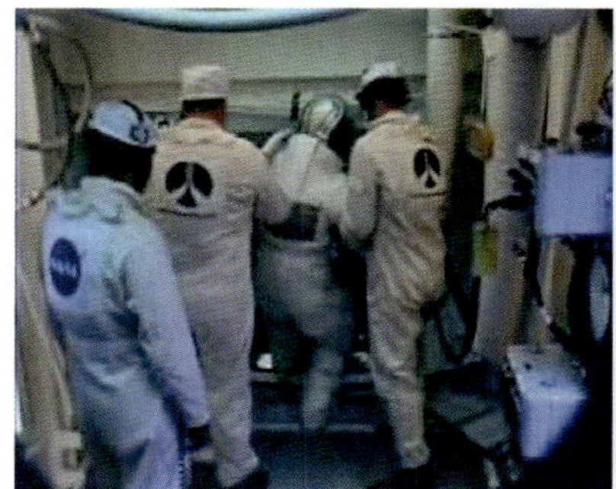

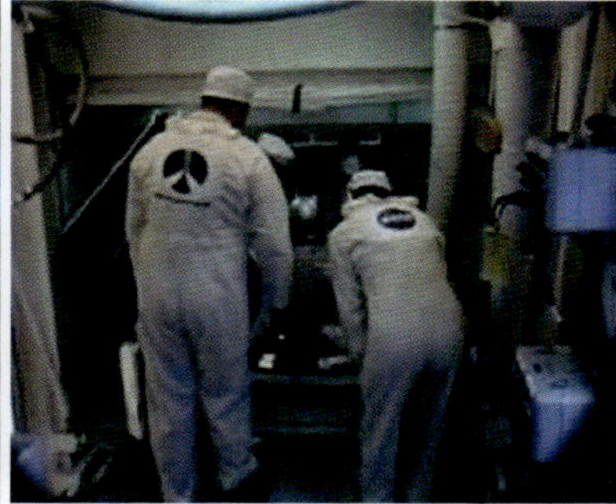

*Abb. 77 und Abb. 78: Einstieg der Besatzung in das Apollo 20 Raumschiff*

Gleich der Apollo 19 Mission verlief der gesamte Funkverkehr mit den Videoübertragungen während der Mission über Vandenberg-Control mit Frequenzen, die normalerweise nicht benutzt werden. Auch diese waren wieder extrem hoch verschlüsselt, so dass gewöhnliche militärische und zivile Bereiche außer den Sowjets der Mission Control in Jewpatorija (Krim-Halbinsel) und Swerdlowsk (Ural) keine Möglichkeiten besaßen mitzuhören.

Der Start erfolgte am 16. August 1976. Das Apollo-Schiff hieß CONSTELLATION und das Luna-Modul PHOENIX.

*Abb. 79: Start der Apollo 20 von Vandenberg AFB*

Bei diesem Bild sieht man die Modifikation an der Saturn V. Die Startstufe besitzt einen gelben Anstrich. Bei keiner anderen Saturn-Mondrakete gibt es das.

Über der Startstufe, beim Übergang zur 2. Stufe, sind die dunklen Auslassöffnungen der Raketentriebwerke zu erkennen. Das bedeutet, die nächste Stufe kann effektiv arbeiten, ohne die Startstufe abzuwerfen. Erst bei Brennschluss werden beide Stufen oberhalb der Erdatmosphäre abgetrennt. Somit war gewährleistet das keine Trümmerstücke zur Identifizierung auf die Erde stürzen können.

An Ausrüstung besaß die Besatzung der PHOENIX die gleiche, wie die der ARTEMIS. Auch die Mission entsprach in allen Einzelheiten der von Apollo 19.

*Abb. 80: und Abb. 81: Bilder aus dem Apollo 20 Raumschiff*

*Abb. 82: Apollo 20 im Mondorbit*

Nach einer Mondumrundung, die genau über die Region des unbekannten Schiffes führte, trennte der Kommandant der Mission, William Rutledge, den Lander vom Orbitalmodul.

An Bord der Mondlandefähre (LM) befanden sich Commander William Rutledge und Major Alexei Leonow, während Dr. Marietta Snyder im Orbitalmodul (CSM) blieb und die Verbindung zur Bodenstation (Vandenberg-Control) aufrecht hielt.

Der Abstieg zur Mondoberfläche bereitete keine Probleme.

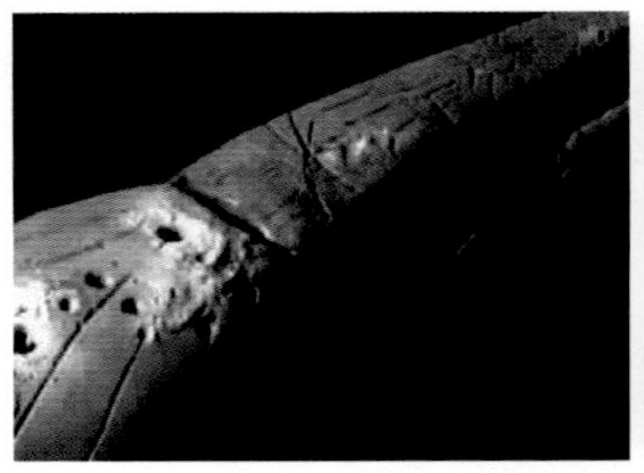

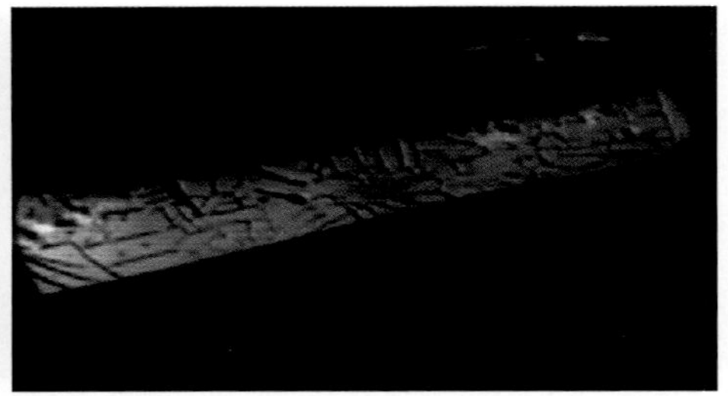

*Abb. 83 und Abb. 84: Apollo 20 LM-Überflug*

Während der Landephase, beim Überflug, filmte Leonow das riesige Raumschiff aus dem Fenster der Fähre. Die vielfältigen tief strukturierten Riefen (wie Zeichnungen unbekannter Formen) auf der Hülle beindruckten die Astronauten. Bei der Betrachtung stellten sie fest (wie schon von den Wissenschaftlern auf der Erde entdeckt), dass die Oberfläche durch Meteoriteneinschläge stark beschädigt und von einer dicken Staubschicht überzogen war. Deshalb deklarierten sie es als Wack.

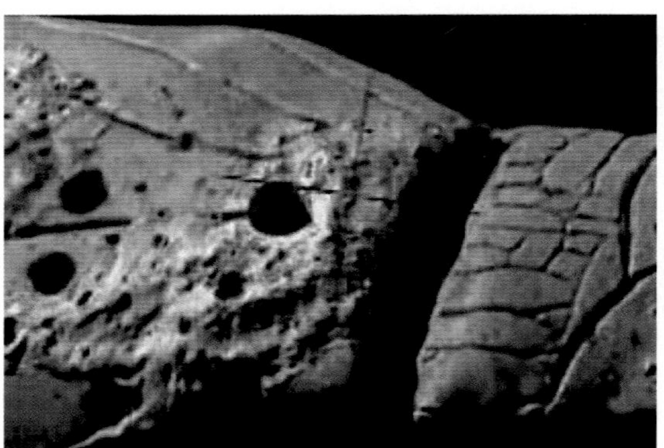

*Abb. 85: Die Meteoriteneinschläge auf der Hülle*

(Die Vermutung der Astronauten ging dahin, dass das Riesenschiff nicht abgestürzt sondern notgelandet war und die Crew das flugunfähige Schiff aufgegeben hatte, was sich später durch den Bericht Shural Huns auch bestätigte.)

Bei dem Überflug erfolgten auch Aufnahmen von dem leicht pockennarbigen Heckbereich. Die Vermutung der amerikanischen Militärwissenschaftler war dahingehend, dass das Schiff mit Partikelstrahlwaffen oder thermischen Strahlen beschossen worden war, die aber nicht sehr tiefreichend gewesen sein mussten. Gleichartige Laborversuche zu Anfang der 1970er Jahre hatten die entsprechenden visuellen Ergebnisse hervorgebracht.

Drei Jahre vor der Apollo 20 Mission starteten die Sowjets SL-12 und Luna 21 landete am Südrand des Kraters Le Monnier.

Apollo 20 verwendete Lunochod 2, der genau auf der zweitgrößten Felsstufe nicht weit von Luna 21 stand, als Funkfeuer.

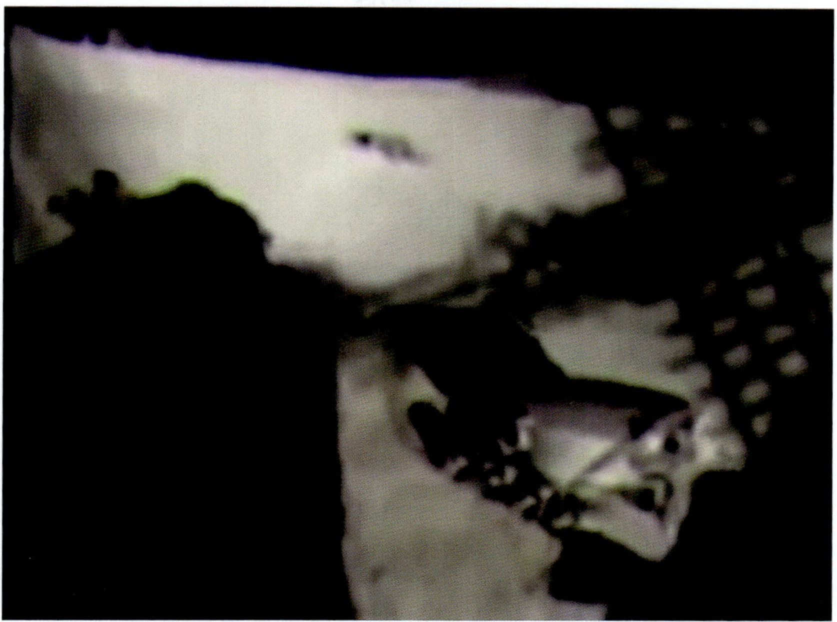

*Abb. 86: Flug des LM über Lunochod 2*

Rutledge und Leonow führten die Landung unter Verwendung der umfangreichen Messgeräte von Lunochod 2 durch. Das erfolgte aufgrund des Einsatzes seiner hoch entwickelten Geräte, die für diese Art von Mission nicht nur die 4 Panoramakameras sondern auch die Röntgenmessgeräte in Kombination mit Laser-Entfernungsmesser und dem Strahlungsdetektor benutzten, um mögliche Strahlungsemissionen von dem Schiff und der Basis zu überprüfen.

Die Landung der Fähre fand nur wenige hundert Meter neben dem Krater mit dem Raumschiffriesen statt. Somit befanden sich alle zu untersuchenden Objekte in unmittelbarer Nähe.

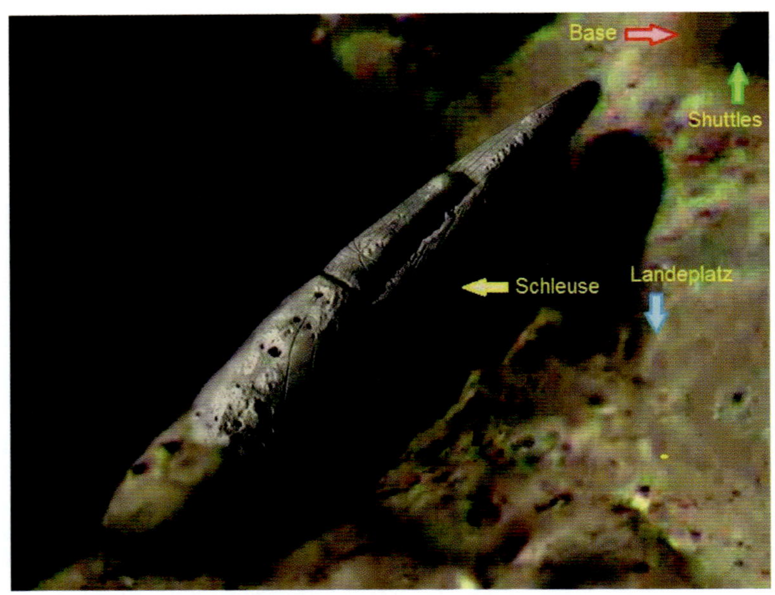


*Abb. 87: Die Absturz- bzw. Notlanderegion*

Nach der Landung bauten die Astronauten den Lunar-Rover zusammen.

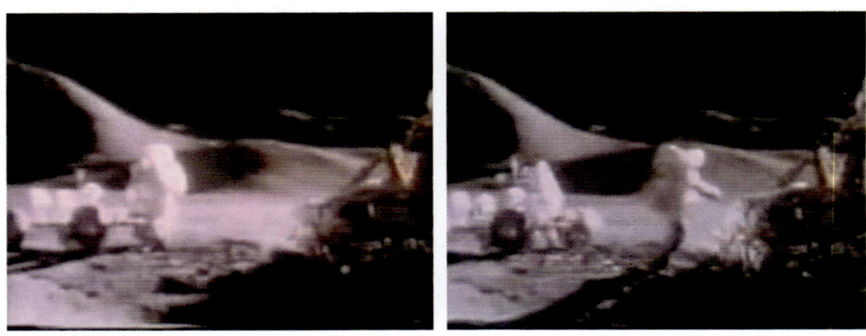

*Abb. 88 und 89: Aufbau des LRV; im Hintergrund sieht man die Umrisse des großen Schiffes*

Danach machten sie sich an die Erkundung der „Base". Diese rechteckige Struktur war den wissenschaftlichen Auswertern bei bearbeiteten Vergrößerungen der Mondfotos aufgefallen.

Da die „Base" dem vorgesehenen Landeplatz am nächsten lag, wurde die Untersuchung als 1. Projektauftrag der Mission deklariert.

## Die „Base"

Bei der „Base" handelt es sich um eine rechteckig aufgebaute Struktur, die mit unserem Begriff von einer Basis nichts gemein hat. Sie stellt wahrscheinlich eine kleinere Station dar, deren größter Teil zusammengestürzt ist und nur noch aus Ruinen besteht. Das aufragende Gebäudeteil, das einzige, was noch einigermaßen intakt aussah, nannten die Astronauten „Cathedral".

Die gesamte „Base" schien so alt zu sein, wie das große Schiff und misst gerade mal ein Hektar. Sie ist eine einzige Trümmerlandschaft in der nur noch die äußeren Gebäudestrukturen stehen.

Schon von weitem machte die „Base" auf die Astronauten den Eindruck eines gewaltsam zerstörten Bauwerkes. Je näher sie kamen, desto deutlicher wurde die Beurteilung. Leonow und Rutledge erkannten Schmelzspuren und pulverisierte Elemente sowie pockennarbige Einschlüsse an den noch existierenden Strukturen. Das ganze Szenario wirkte wie nach einem energetischen Fernbeschuss aus dem Weltraum, der beinahe eine komplette Vernichtung, die nur Trümmer übrig lässt, bewirkt hatte.

*Abb. 90: Der Basiskomplex von außerhalb*

*Abb. 91: Blick durch eine Öffnung nach draußen mit der Raumfähre im Hintergrund*

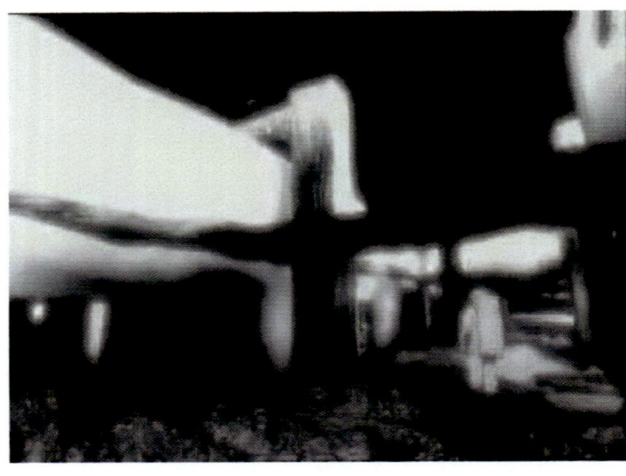

*Abb. 92: Durchsuchung der Ruine*

Als die Astronauten die Trümmer erforschten, fanden sie im herumliegenden für sie undefinierbarem Müll und Schrott viele Metallteile, goldene Platten jeglicher Größe und abgerissene goldene Blechstreifen, die mit Schriftzeichen bedeckt waren. Den größten Teil fotografierten sie, aber einige kleinere Fragmente sammelten sie ein und transportierten sie zurück zum LM.

*Abb. 93 und Abb. 94: Gefundene Metallfolien mit der Schrift*

**Mission Orange: Das „Mutterschiff"**

Die nächste Expedition, der 2. Projektauftrag (deklariert als „Mission Orange"), führte Rutledge und Leonow zum Raumschiff. Wegen der Größe bezeichneten sie es als Mutterschiff.

Die Meteoriteneinschläge und der Staubbelag auf der Hülle waren identisch mit den entsprechenden Einschlägen und Ablagerungen auf den Hügeln der Umgebung. Laut den geologischen Untersuchungen wiesen sie ein hohes Alter aus, ca. 1,5 Milliarden Jahre.

Die beiden Astronauten, ausgerüstet mit dem Equipment zum Aufsprengen eines vermuteten Seitenschotts, arbeiteten sich entlang des

Rumpfes etwas unterhalb der Mitte nach vorn. Am Übergang der abfallenden Seitenfläche zum Mondboden, etwa bei einem Drittel der Länge des Rumpfes von vorn, entdeckten sie eine offene Schleuse von mehreren Quadratmetern Fläche.

Möglicherweises handelte es sich hierbei um eine Personenschleuse, die augenscheinlich gewaltsam von außen aufgebrochen worden war. Auch das musste schon lange Zeit her gewesen sein, denn der Boden bis zur hinteren Wand war mit einer Staubschicht (Ablagerungen von eingeschlagenen Meteoriten) bedeckt, in der sie unterschiedlich große Stiefelabdrücke und Schleifspuren erkannten.

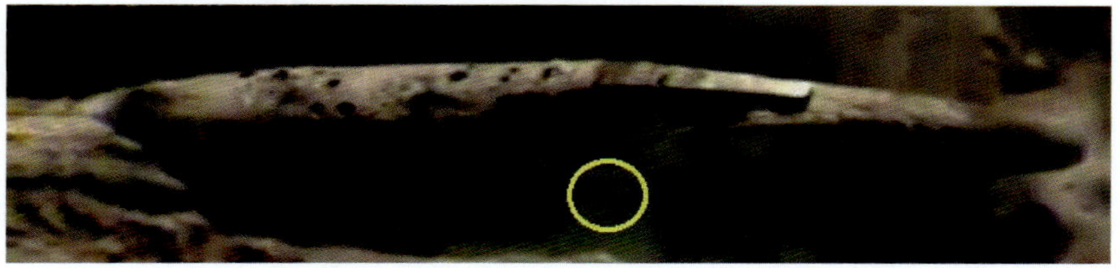

*Abb. 95: An dieser Stelle fanden sie die aufgebrochene Schleuse*

Die Astronauten betraten das Raumschiff und stellten sofort fest, dass die Funkverbindung zu Vandenberg Control abbrach (Abschirmung des Schiffes über die Hülle, wie auf der Erde, Anm. d. Autors). Trotzdem beschlossen sie die Untersuchung fortzuführen und gingen tiefer in das Schiff hinein.

Nach wenigen Metern gelangten sie durch ein Schott, ebenfalls aufgebrochen, auf einen etwa 30 Meter langen Gang. Dieser führte rechtwinklig auf einen breiten trapezförmigen Korridor, der in einem Bogen von vorn nach hinten durch das gesamte Schiff verlief, wie sie später feststellten.

Das Wrack besaß durch seine Position eine leicht verdrehte Schräglage. Trotzdem war es für Rutledge und Leonow relativ einfach, nach vorn in Richtung der Spitze des Wracks vorzudringen. (Die US-Militärexperten vermuteten dort den Kontrollraum des Schiffes.) Erstaunlicherweise schienen die Schiffsgeneratoren immer noch Energie (nach so langer Zeit!) zu liefern, so dass ein Schwerefeld mit Bezug zum Boden existierte, denn sie hatten das Gefühl, sich auf einer geraden Ebene mit beinahe erdgleicher Schwerkraft zu bewegen. Ebenfalls glaubten sie unterschwellig ein leichtes Vibrieren zu spüren.

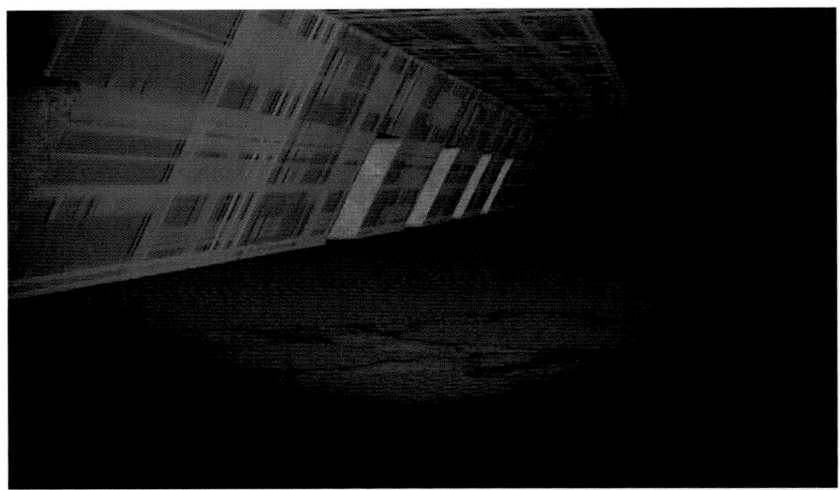

*Abb. 96 und Abb. 97: Dieser Gang mit vielen geschlossenen Schotts führt durch das gesamte Schiff*

Überall fanden sie Spuren von Lebewesen. Es sah so aus, als ob schon vor ihnen andere Intelligenzen das Wrack untersucht hatten.

Von dem Korridor führten viele große Schotts zur vermutlich unterschiedlichen Räumlichkeiten. Die meisten waren verschlossen (Die beiden Astronauten probierten vergeblich aus, die Türen zu öffnen!) und nur einige wenige waren aufgebrochen.

*Abb. 98: Die geschlossenen Türen, die vom Gang abzweigen*

Der Inhalt der dahinter liegende Räume, oder was es auch immer darstellen sollte, zeigte oft völlige Verwüstung und war stellenweise undefinierbar. Etliche der aufgebrochenen Örtlichkeiten waren leer.

In einem Aufbewahrungslager (möglicherweise ein Biotop), entdeckten sie Überreste einer uralten Vegetation. Einige angrenzende Abteilungen, wahrscheinlich Laboratorien, enthielten viele dreieckige Gefäße, deren Inhalt aus einer gelben Flüssigkeit bestand, die vermutlich spezielle medizinische Eigenschaften besaß. Weiterhin fanden sie Substanzen außerirdischer Kreaturen; Reste von kleinen Wesen (etwa 10 cm groß), die in einem Verbund von Glasröhren (wie Reagenzgläsern) aufbewahrt wurden. Genauso wie in der „Base" sammelten sie hiervon einige Proben ein und nahmen sie mit zurück zum Landemodul.

## Die EBE

Am zweiten Tag der „Mission Orange", auf ihrem Weg nach vorn zum Kontrollraum, wurden die Spuren der früheren Besucher immer weniger. Der Versuch, eins der Schotts am Ende des Korridors zu öffnen, bescherte ihnen Erfolg. Bei der Durchsuchung der angrenzenden Kammern, deren Türen ebenfalls nicht verschlossen waren, entdeckten Lenow und Rutledge in einem Raum zwei humanoide EBEs (Extraterristrische Biologische Entinitäten) auf hüfthohen Liegen ausgestreckt.

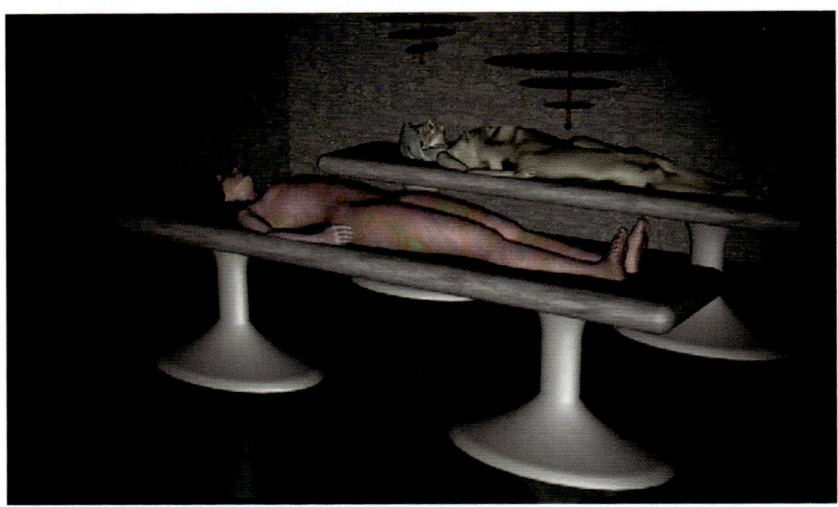

*Abb. 99: Der Raum mit den beiden EBEs*

Von der Decke ragten mehrere kurze antennenähnliche Instrumente herab, die genau auf die Liegen zielten.

Der vordere der beiden EBEs war trotz der langen Zeit noch komplett erhalten. Wahrscheinlich lag es daran, dass die Antennen über der Liege nicht abgeknickt waren, wie die des anderen zerstörten Körpers. Eine, trotz der fehlenden Atmosphäre, weiche fast durchsichtige Kunststofffolie mit eingearbeiteten Schaltelementen umhüllte den Leib, wie die beiden Astronauten durch eine erste Prüfung feststellten. Eine weitere genauere Sichtprüfung der beiden EBEs ergab eine erstaunliche Ähnlichkeit mit dem menschlichen Körperbau. Der heile Körper schien der einer irdischen Frau zu sein, während der zerstörte, teilweise zusammengefallene Leib männliche Merkmale aufwies.

Nach kurzer Beratung beschlossen Rutledge und Leonow die EBE ins LM mitzunehmen. Behutsam hoben sie die EBE hoch, deren Körper sich anfühlte, als ob sie einen bewusstlosen Menschen vor sich hatten, und transportierten ihn vorsichtig zum Lunar-Rover. Damit brachten sie ihn zur Mondlandefähre, um ihn zu untersuchen.

Die erste Analyse ergab Folgendes: Die ausgezeichnet intakte EBE (1,65 Meter groß) war eindeutig weiblich und mit Brüsten und menschlichen Genitalien versehen. Von den Proportionen stimmte der Körper mit dem eines irdischen überein. Er besaß dunkle, schwarzbraune Haare, hatte aber sechs Finger und sechs Zehen. (Die Wissenschaftler in Vandenberg vermuteten deshalb, dass die Mathematik ihrer Spezies auf der 12 basierte.)

Die Funktion der EBE im Raumschiff belief sich höchstwahrscheinlich auf die des Piloten oder eines „Navigators", denn an ihren Fingern waren Steuerungselemente befestigt, genauso wie an den Augen, dem Mund und der Nase.

Sie trug keine Kleidung sondern war durch eine feine mit elektronischen Schaltelementen beinahe durchsichtige kunststoffähnliche Schicht (versehen mit hauchdünnen elektronischen Schaltelementen), die den Körper komplett umhüllte, geschützt. Diese Schicht besaß keine Naht und war sehr widerstandsfähig. Nur mit einer starken Schere aus dem Werkzeugkasten konnte sie aufgeschnitten und anschließend abgewickelt werden.

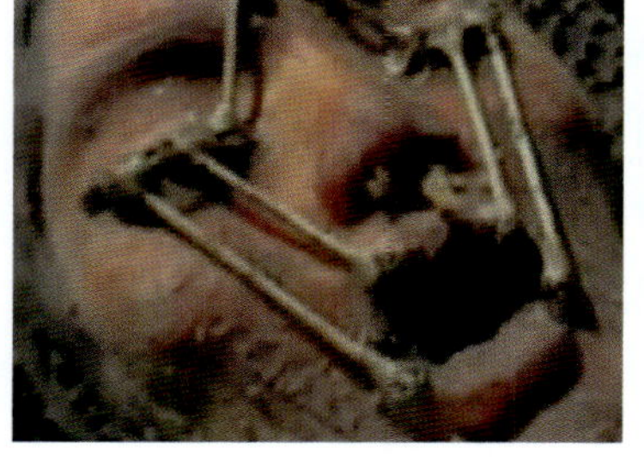

*Abb. 100: Die EBE mit den Steuerungselementen im Gesicht und den Resten des Gels, das sich zwischen Haut und Kunststoffhülle befand*

Der Körper darunter war erstaunlich gut erhalten und wirkte beinahe lebendig. Es gab keine Verletzungen oder sonstige Beschädigungen. Lediglich einige Teile des Körpers der EBE waren geringfügig angegriffen (leichte Abschürfungen). Zwischen der Folie und der Haut war der gesamte Körper mit einem schmierigen Gel versehen, das eine temperaturneutrale Funktion hatte.

Rutledge kam der Verdacht, dass die EBE noch leben könnte. Deshalb schlossen die Astronauten ihre medizinischen Überwachungsgeräte an den Körper der Außerirdischen an und übersandten die Daten zur Mission Control Vandenberg. Der Mediziner dort stellte eindeutig fest, dass sich die Zellen der EBE im „scheintoten Zustand", wie in einem durch extrem starke Medikamente hervorgerufenen Tiefschlaf eines Menschen, befanden.

Leonow und Rutledge besaßen keine Erfahrung, um mit dieser Situation umgehen zu können. Aber über Mission Control Vandenberg erhielten sie Anweisungen, wie sie die nächsten medizinischen Tests durchführen sollten. Des Weiteren säuberten die beiden Männer auf Anweisung der Bodenstelle behutsam die Haut und verstauten die dabei benutzen Papiertücher, inklusive entferntem Gel, in einem Beutel für spätere Auswertungen am Boden.

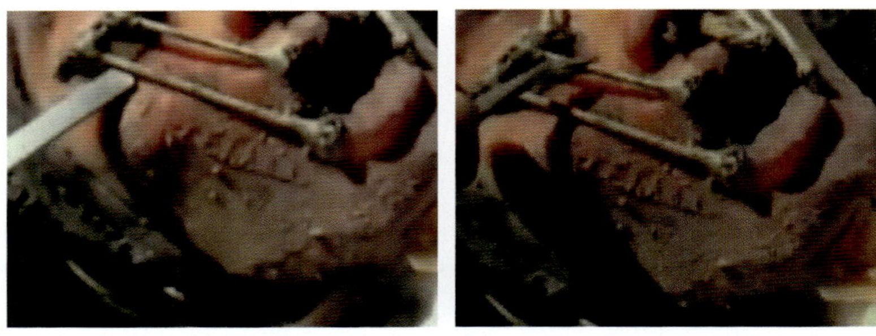

*Abb: 101 und Abb. 102: Entfernung der Steuerungselemente*

Während der Untersuchung entfernte Leonow mit einer Pinzette vorsichtig die Instrumente im Gesicht, die mit einem Buckel auf der Stirn verbunden waren Die Wissenschaftler in der Mission Control Vandenberg vermuteten dort eine Art „telepathischen Empfänger" oder eine „telepathische Antenne". Zusätzlich musste Leonow noch zwei „Kabel" oder „Schläuche" an der Nase durchschneiden. Dabei floss ein wenig von einer blutähnlichen Flüssigkeit aus den Nasenlöchern.

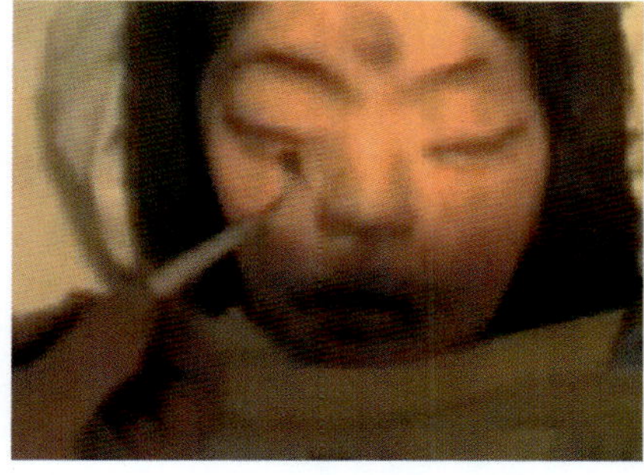

*Abb. 103 und Abb. 104: Leonow beim Reinigen des Gesichtes*

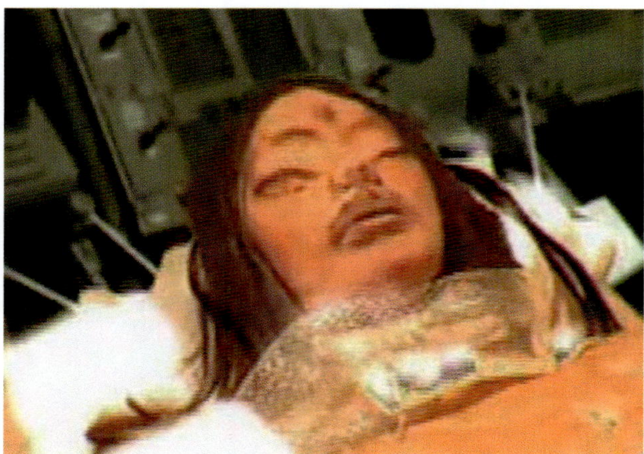

Der Körper der EBE wurde anschließend mit Luftpolstern versehen. Das sollte ihm für den Start zum CSM und für die Landung auf der Erde als Schutz vor Verletzungen dienen.

*Abb. 105: Die EBE nach Entfernung der Steuerungsmechanismen im Gesicht*

Rudledge und Leonow tauften die Fremde auf den Namen „EBE Mona Lisa". Wie sich aber später rausstellte, war ihr Name Shural Hun.

**Das Cockpit**

Die dritte Exkursion in das Mutterschiff führte die beiden Astronauten nach vorn zum „Cockpit". Es befand sich in der Spitze des Riesenraumers am Ende des trapezförmigen Korridors.

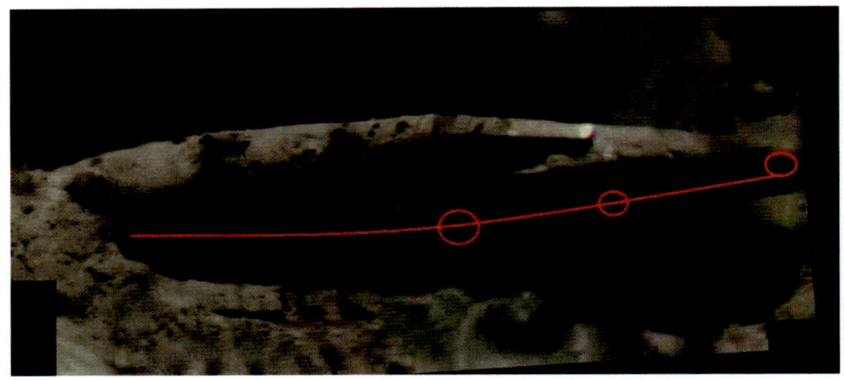

*Abb. 106: Der Korridor durch das Schiff mit den untersuchten Bereichen der Astronauten*

Die halboffene Tür dort ließ sich leicht in den Rahmen schieben, so dass sie den für so ein großes Schiff relativ kleinen Raum betreten konnten.

Lange sechseckige Halbrohre formten den Raum, der voll von Instrumentenpults mit unbekannten Schriftzeichen und Symbolen war, die denen auf den Platten in der „Base" glichen.

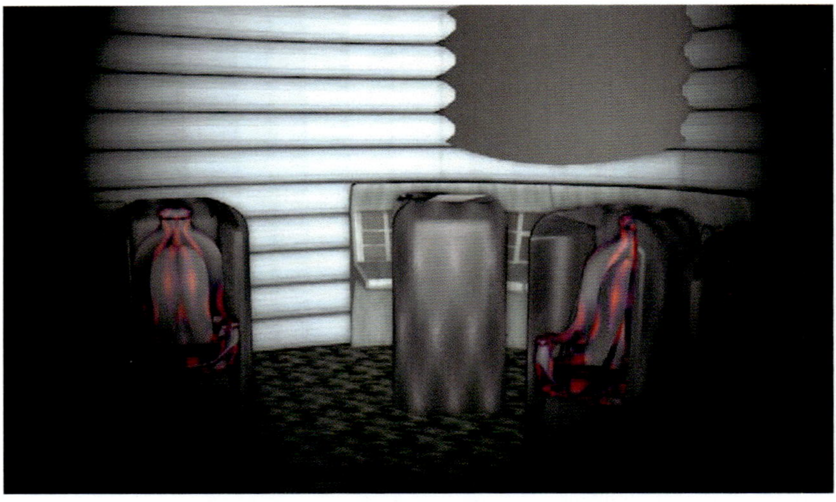

*Abb. 107: Der Steuerungsraum mit den Instrumentenkonsolen*

Auf dem Boden vor der vorderen Instrumentenkonsole, neben einem etwa 1,5 Meter hohen abgerundeten Schaumstoffblock mit eingearbeitetem Schalensitz, fanden sie einen weiteren Außerirdischen, etwas kleiner als die EBE, die sich jetzt an Bord ihrer Landefähre befand. Leonow nannte ihn „Skin".

„Skin" besaß eine blaugraue Hautfarbe und war bis auf den Kopf beinahe komplett zerstört. Einige seltsame Zeichen zierten die Augenlider des Schädels und die Stirn und ein Band ohne Aufschrift umwand den Kopf. Den Kopf nahm Leonow mit an Bord der Fähre.

## Erforschung der beiden Dreieck-Raumer

Am nächsten Tag ging es an die Erforschung der beiden dreieckigen Objekte („Shuttles"), die etwa 400 Meter leicht nach Süden versetzt unterhalb der Spitze des Riesenraumers lagen.

Schon bei der ersten Sichtung kam es Rutledge und Leonow so vor, als ob die Shuttles entweder beim Start oder während der Landung abgeschossen wurden.

Als sie näherkamen, erkannten sie bei dem vorderen Schiff die gleichen Beschussspuren wie bei der Basis. Es war nach dem Beschuss anscheinend abgestürzt und flach aufgeschlagen.

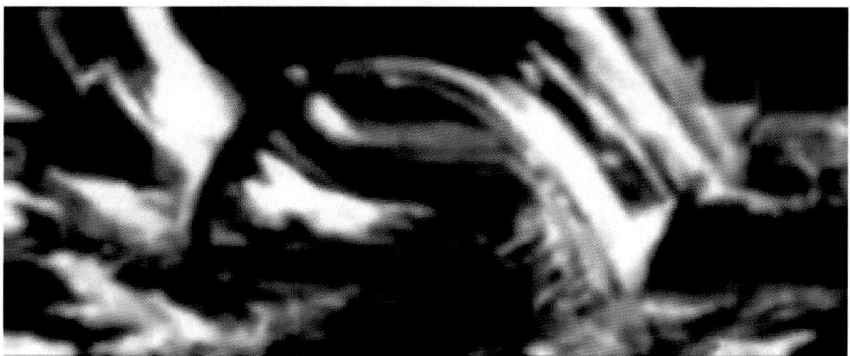

*Abb. 108: Blick auf das erste Shuttle mit den inneren Strukturen*

Die Hüllenstruktur war zerstört und fehlte teilweise, so dass die Astronauten die inneren Aufbauten sehen konnten. Überall gab es Schmelzspuren mit eingebrannten Löchern, pockennarbige Flächen und zu grauem Stab pulverisierte Elemente. Bei der Berührung einiger Teile zerbröselte das Material regelrecht.

Vandenberg Control erteilte die Anweisung Proben der Beschussteile einzusammeln und zum LM mitzunehmen. Da die Militärs auf der Erde keine Vorstellung von der Waffenwirkung hatten, wollten sie über die Analyse des Beschusses Rückschlüsse auf die entsprechenden Waffen ziehen.

Die beiden Astronauten sammelten einige kleinere Metallproben ein und wandten sich dann dem anderen Wrack zu.

Das zweite Shuttle schien von dem Beschuss aus dem Raum nicht ganz so viel abbekommen zu haben. Zumindest hatten Rutledge und Leonow den Eindruck, dass die Zerstörung der Hülle nicht so radikal wie bei dem anderen Schiff war. Allerdings hatte es sich schräg in den Mondboden gebohrt, so dass die Hecktriebwerke aufwärts in den Himmel zeigten.

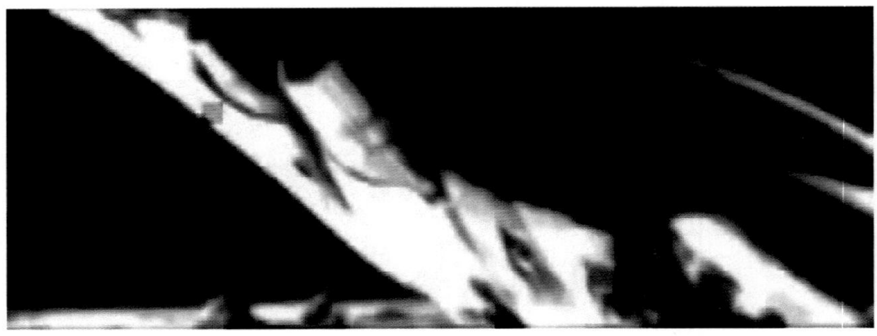

*Abb. 109: Das zweite Shuttle von hinten*

Auch hier waren überall die gleichen Beschussspuren zu erkennen, jedoch schienen sie nicht so extrem wie beim ersten Shuttle zu sein.

Rutledge und Leonow nahmen hier ebenfalls Proben und filmten den Absturzbereich. Ob sie eins der Shuttles betreten haben, ist noch nicht bekannt.

## Ergebnis der „Mission Orange“

Der Ursprung der beiden Shuttles, der Basis und des Mutterschiffes der Außerirdischen war der gleiche. Gleiche Materialien und gleiches Alter. Lediglich der Zeitraum des Aufbaues der „Base“ zur Notlandung des großen Schiffes differierte etwas. Die Basis war eindeutig später errichtet worden. Der Abschuss der beiden Shuttles und die Zerstörung der Basis waren nach der Notlandung aber zeitgleich erfolgt. Diese augenscheinlichen Ergebnisse von Rutledge und Leonow wurden später durch die Militärwissenschaftler bestätigt. Nur eins ist verwunderlich: Beide Astronauten berichteten, dass sie an dem „Mutterschiff“ keinerlei Beschussspuren von thermischen Waffen entdeckte hatten. Lediglich die Einschläge von Meteoriten und die Staubschicht auf der Hülle wurden von ihnen bestätigt. Weitere Erkenntnisse darüber liegen nicht vor.

## Koordinaten der Objekte

| Typ | Koordinate 1 | Koordinate 2 |
|---|---|---|
| Basis | 17.30 S | 117.62 E |
| Nase des Schiffs | 17.20 S | 117.62 E |
| Cockpit | 17.15 S | 117.62 E |
| Shuttle 1 | 18.70 S | 116.92 E |
| Shuttle 2 | 18.31 S | 117.48 E |

Nach insgesamt sieben Tagen, einer der längsten Mond-Missionen, startete das LM und Apollo 20 kehrte mit allen Forschungsergebnissen, den Proben und der EBE (und dem Kopf des zerstörten EBEs) an Bord zur Erde zurück.

Unverzüglich stellten die Militärs die EBE und Astronauten (sowie alle mitgebrachten Objekte einschließlich des Kopfes von „Skin“) unter Quarantäne und schafften sie in die Papoose-Base S4.

Vier Wochen später wurde die Besatzung von Apollo 20 als unbedenklich entlassen, zum Schweigen verpflichtet und alles Material der Mission unter Verschluss gestellt. Commander Rutledge gelang es jedoch einige Kopien der auf dem Mond angefertigten Videos heimlich mitzunehmen und zu verbergen. Zudem erhielt er Jahre später von einem befreundeten Geheimdienstbeamten einige Videos, die den Verbleib der EBE dokumentieren.

## Das weitere Schicksal der EBE

Nach den medizinischen Analysen in den Laboratorien der Basis S4 diagnostizieren die Wissenschaftler, dass die Außerirdische im Raumschiff durch ein Stasisfeld, welches die Körperfunktionen um das Millionenfache verlangsamte, im Tiefschlaf gehalten wurde. Bei weiteren Untersuchungen stellen die Ärzte fest, dass auf dem Mond die Verbindungen zwischen Körper und Steuerungsobjekten von Leonow im LM nur ungenügend entfernt worden waren. Deshalb mussten sie die restlichen elektronischen Elemente in der Nase und den Fingerspitzen noch vorsichtig von den Nervenenden trennen. Da sich nun die EBE nicht mehr im Stasisfeld befand, normalisierten sich allmählich ihre Körperfunktionen und sie konnte wiederbelebt werden. Fasziniert waren die Wissenschaftler von der Folie mit den Schaltelementen, die den Körper der EBE umhüllt und ihn vor dem luftleeren Raum bewahrt hatte.

Über eine Piktogrammsprache, die gleiche die man bei dem Alien von Zeta Reticuli verwendet hatte, konnte man sich mit ihr verständigen. Anders war es nicht möglich, da die menschlichen Stimmbänder ihre Sprachlaute nicht formen und dadurch niemand in der Lage war, die Sprache zu verstehen. Des Weiteren funktionierten viele Informationen lediglich durch telepathische Übertragungen, bei denen nur speziell begabte Menschen (die in parapsychologische Experimente der Militärs und des CIA eingebunden waren, zum größten Teil gezwungenermaßen, Anm. d. Autors) als Übersetzer dienen konnten. Das war etwas, was die EBE nicht begriff, denn ihrer Aussage nach waren alle intelligenten Lebewesen in den Universen mit Fähigkeiten wie Telepathie, Telekinese und Suggestion mehr oder weniger gut ausgerüstet, im Gegensatz zur Menschheit. Ein weiterer Punkt, der für sie befremdlich war, stellte die Evolution des Menschen dar. Es war für sie unvorstellbar, dass eine intelligente Spezies in so kurzer Zeit eine Technologie entwickeln konnte, wie die der Menschheit. Ihren Angaben nach benötigten sämtliche Intelligenzen, so wie ihre eigene Spezies, und die aller besuchten Welten dafür mehrere zehn Millionen von Jahren. Ihre Überlegungen gingen dahin, dass die Menschen von außerhalb modifiziert worden waren, was die US-Militärwissenschaftler zu diesem Zeitpunkt für absurd hielten.

Bis Anfang der 1980er Jahre diente die EBE den militärischen Wissenschaftlern in der Basis S4 als Forschungsobjekt und Technologie-Informantin. Danach wurde sie mit ihrem Schutzequipment an die sowjetischen Wissenschaftler abgegeben, weil diese ihr Recht auf Information aus dem gemeinsamen Mondprojekt einforderten.

Shural Hun, deren Namen (freie Übersetzung, Anm. d. Autors) man nun erfahren hatte, wurde in eine Geheimbasis in der Nähe von Jekaterinburg geschafft. In dieser Basis wurden bereits Alienkörper, die man in angestürzten oder abgeschossenen Wracks gefunden hatte, erforscht und ihre Funktionen analysiert.

*Abb. 110: Die geheime Versuchsanstalt in der Nähe von Jekaterinburg*

Von den Wissenschaftlern dort wurde Shural Hun eingehend untersucht und befragt. Nachdem sie ihr Wissen erneut preisgegeben hatte, wurde sie mit Erlaubnis des US-amerikanischen Geheimdienstes wieder in die Überlebensfolie mit den Micro-Schaltelementen gehüllt, die sie im Raumschiff ihres Volkes während der Stasis getragen hatte. Anschließend versenkte man sie in einen kontrollierten Tiefschlaf und verband sie mit medizinischen Geräten zur Überwachung.

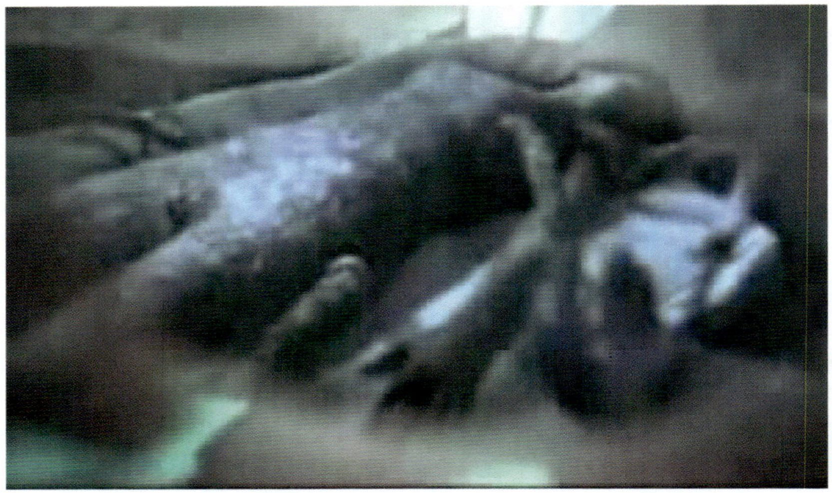

*Abb. 111: Die EBE im Tiefschlaf, eingehüllt in die Folie*

**Shural Huns Bericht (aufbereitet und gekürzt)**

Die Explosion einer unterirdischen Versuchsanlage zur Herstellung von Antimaterie hatte Shural Huns blühende Welt in Stücke gerissen. Fast fünf Milliarden Lebewesen, Flora und Fauna nicht eingerechnet, sind dabei innerhalb weniger Minuten getötet worden. Auch die Raumschiffe, die auf allen Häfen ihres Heimatplaneten stationiert gewesen waren, hatte das Schicksal der Zerstörung ereilt, weil die Katastrophe so überraschend eintrat.

Auf dem größten Bruchstück, etwa mit den Ausmaßen von Australien, hatten die meisten Humanoiden nur überlebt, weil die Hauptstadt und große Teile des Umlandes durch einen energetischen Schutzschirm gesichert wurden. Trotzdem waren die Schäden durch die gewaltigen Beben enorm und nun drohte den letzten Überlebenden der Tod, weil die Energievorräte rasend schnell zu Ende gingen und die Kraftwerke zu detonieren drohten.

Auf dem Raumflughafen der Hauptstadt lag das gewaltige Flaggschiff des Königs. Es war als einziger Raumer der gesamten Flotte übriggeblieben und nahm alle Flüchtlinge auf. Ungefähr hunderttausend Bewohner flohen mit wenig Gepäck an Bord. Danach startete das Riesenschiff und ging auf die Suche nach weiteren Überlebenden, die im Weltraum mit ihren Raumschiffen warteten, während das letzte Bruchstück des Planeten verglühte. Ungefähr 20.000 weitere Humanoide von Shural Huns Volk konnten jedoch gerettet werden. Anschließend führte der Raumer die Forschung nach einer neuen Welt durch, die das Überleben der Spezies gewährleisten konnte.

Auf vielen Welten wurden Proben genommen, in den Bordlaboratorien analysiert und eingelagert. Aber ein passender Planet konnte während der in ihrem Universum verlaufenden Suche nicht gefunden werden. Möglicherweise aufgrund der vom König aufgestellten Forderungen an die zukünftiger Welt oder durch andere Umstände, die Shural Hun nicht näher erläuterte.

Dann geschah irgendwas Ungewöhnliches bei ihrer Expedition; *„Sonnen unterschiedlicher Farbe und Größen waren auf einmal um das Schiff herum und eine grelle weißgelbe Spur, wie ein laufender Lichtpunkt mit nachleuchtendem Strahl, zeigte uns den Weg durch die Unendlichkeit."* (aus der Piktogramm-Sprache frei übersetztes Zitat Shural Huns) Dadurch gelangten sie in ein neues, relativ großes Universum, wo sie abrupt in den Randbereichen einer ausgedehnten Spiralgalaxie in einem noch jungen Sonnensystem mit acht Planeten materialisierten. Nahe der dritten Welt, im Anziehungsbereich des großen Mondes, tauchte das Raumschiff auf und geriet sofort in einen Meteoritenschwarm der in Richtung Planetenoberfläche raste, was in dieser frühen Phase des Sonnensystems normal war. (Pluto und sein Mond Charon, die Monde des Mars, Deimos und Phobos, genauso wie viele andere Kleinmonde der großen Planeten existierten zu diesem Zeitpunkt noch nicht, wie aus den späteren Nachfragen der irdischen Militärs hervorging, Anm. d. Autors)

Noch bevor der energetische Schutzschild endgültig aufgebaut werden konnte, traf ein großer Felsbrocken den Raumer am Heck und durchschlug mehrere Decks bis er im Versorgungstrakt der Triebwerke und Gravitationsanlagen steckenblieb. Außer Kontrolle geraten, taumelte das Schiff der Mondoberfläche entgegen. Erst im letzten Moment konnte es der Pilot stabilisieren und abbremsen. Trotzdem war der Einschlag im Krater gewaltig und das königliche Flaggschiff blieb anschließend in einem Krater in Schräglage liegen. Da aber die Gravitationsabsorber funktioniert hatten, war niemand zu Schaden gekommen.

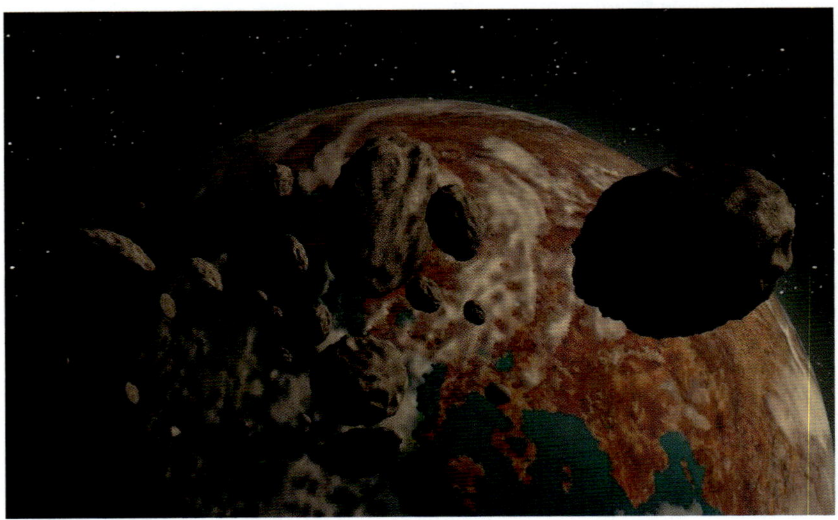

*Abb. 112: Meteoriten rasen auf den Planeten zu*

Nach einer stundenlangen Untersuchung der Energie- und Triebwerkssektionen stand fest, dass das Raumschiff nie wieder starten würde, denn die Bordmittel reichten für eine so schwerwiegende Reparatur nicht aus. Damit waren die Überlebenden von Shural Huns Heimatplaneten auf dem Mond einer sehr jungen Welt gestrandet, die sich noch am Beginn ihrer Entwicklung befand und lediglich am Rand der Lebenszone (definiert über die Prämisse des eigenen Volkes) ihre Umlaufbahn einnahm. Sie besaß schon Meere mit einer Urform von Leben, einen großen Kontinent, allerdings mit extremer Vulkantätigkeit und wenig Vegetation, und die Atmosphäre war für die auf dem Mond Gestrandeten nicht atembar. Da sich die Welt auf Grund ihrer Größe zudem im ständigen Beschuss der im Sonnensystem kreisenden Meteoriten befand, kam sie als Überlebenswelt für Shural Huns Volk nicht in Frage.

*Abb. 113: Blick vom Mond auf die Erde vor etwa 1,5 Milliarden Jahren*

Nachdem feststand, dass das Flaggschiff nicht mehr starten konnte, konzentrierten sich die Wissenschaftler auf den 4. Planeten, der sich mitten in der Lebenszone seiner Sonne befand. Leider besaß er keinen Mond der ihn stabilisierte. Deshalb tobten diverse Stürme über die Oberfläche und der rotierende Flüssigmetallkern sorgte für ein leichtes Taumeln der Welt mit ständigem Verschieben der Pole sowie extremen Magnetfeldern. Aber sie besaß Meere, wenn auch sehr flache, Kontinente mit niedriger Vegetation und entsprechend angepassten Lebewesen, Insekten und Echsen. Was aber ausschlaggebend war, der Einschlag durch Meteoriten hielt sich in Grenzen, weil die größeren Welten durch ihre starke Gravitation die meisten Felsbrocken abfingen.

Wegen der halben Größe von Shural Huns Heimatplaneten, stellte die Gravitation für die Überlebenden ihres Volkes ein Problem dar. Aber die relativ dünne Atmosphäre entsprach in der Zusammensetzung fast der von ihrer Heimatwelt und konnte mit geringem Aufwand angepasst werden. Jedoch war der Boden sehr eisenhaltig und mineralstoffarm. Doch mit Terraformingmaschinen wollten ihre Wissenschaftler den kleinen Planeten in den Griff bekommen, so dass ein Überleben ihrer Spezies auf der neuen Welt gewährleistet war.

*Abb. 114: Anflug der Shuttles auf den 4. Planeten, den heutigen Mars*

Das erwies sich als Irrtum, denn die Wissenschaftler erkannten bald, dass der flüssige Kern des Planeten langsam erkaltete und damit im Laufe der Zeit das vor Weltraumstrahlung schützende Magnetfeld verlieren würde. Der Prozess würde zwar noch Millionen von Jahren dauern, aber damit bot die Welt nur eine begrenzte Überlebensmöglichkeit für Shural Huns Volk. (*Auf Grund der normalen Evolution benötigen die Intelligenzen aller Universen, im Gegensatz zu der genmanipulierten Menschheit, etwa 70 bis 100 Millionen Jahre, um von der Urform eines aufrecht gehenden Wesens bis zum interstellaren Raumflug und darüber hinaus zu gelangen,* Interview Lacerta). Des Weiteren tobten auf dem Planeten ständige Unwetter, die den Aufbau einer angemessenen Zivilisation extrem erschwerten.

Unter dem Druck ihres Königs standen bald die Berechnungen und Zukunftsprognosen der Wissenschaftler für den 3. Planeten fest. In den nächsten 300 Millionen Planetenumläufen würde sich der Meteoritenbeschuss auf ein zu vernachlässigendes Maß reduzieren. Auch die Vulkantätigkeit würde abnehmen, so dass ab diesem Zeitpunkt auf der Oberfläche ein Überleben möglich wäre. Deshalb fasste der König einen schwerwiegenden Entschluss: Durch genmanipulierte Bakterien sollte die 3. Welt nach und nach auf die Bedingungen von Shural Huns Heimatplaneten angepasst werden. Der berechnete Zeitfaktor lag hierbei innerhalb der 300 Millionen Planetenumläufe. Solange sollten sich die Überlebenden auf der 4. Welt etablieren, um anschließend auf die neue Welt umgesiedelt zu werden. Falls der Ursprung bei diesem Zeitraum in Vergessenheit geraten würde, hatte das ein weiteres Projekt zu beheben: Zwei der Überlebenden, ein Wissenschaftler und ein Crewmitglied des gestrandeten Flaggschiffs, mussten sich in ein Stasisfeld begeben und dort die entsprechende Zeit schlafen, um nach dem Aufwachen die Siedler in die Technologie ihres Volkes einzuweisen. Einer der Physiker und Shural Hun, als zweite Navigatorin, meldeten sich freiwillig und wurden in dem Nebenraum eines der großen Laboratorien in die Stasis versetzt. Shural Hun erhielt im Gesicht und an den Fingern die notwendigen mentalen Steuerungselemente, um nach dem Erwachen sofort in die schiffsinternen Programme eingreifen zu können.

Über den Energiehaushalt des Schiffes brauchte sich niemand Sorgen zu machen, denn durch die hochentwickelte und auf eine extrem lange Zeit ausgerichtete Technologie ihres Volkes würde bei geringstem Verbrauch, die Energie der Speicher Milliarden von Planetenumläufen reichen. Nach etwa 300 Millionen Planetenumläufen sollte die Weckautomatik für die beiden Schläfer anspringen. Doch dabei ging etwas schief. Erst durch die Millitärwissenschaftler der Erde wurde Shural Hun geweckt.

Das Erscheinungsbild der Menschen war für sie nicht ungewöhnlich, denn wegen der Genmanipulation der jungen Erde hatte sie das erwartet. Doch was für sie gleich nach dem Aufwachen befremdlich war, lag an der Anzahl von Fingern und Zehen der Menschen. Ihrer Aussage nach besitzen sämtliche humanoide Intelligenzen in allen Universen vier oder sechs Endglieder an den Extremitäten, im Gegensatz zu den Menschen mit ihren fünf Fingern und Zehen. Alles wurde über die Genprogrammierung der ehemaligen Mikroorganismen beim Erscheinungsbild des Menschen dual aufgebaut, nur bei unseren Händen und Füßen klappte es irgendwie nicht.

## Spezielle Fragen in den Verhören

Nach diesem Bericht, der hier nur in Kurzform wiedergegeben ist, folgten noch lange Verhöre über die Technologie von Shural Huns Volk. Unteranderem auch über den Kampf auf dem Mond vor 1,5 Milliarden Jahren, bei dem die beiden von den Astronauten untersuchten Shuttles abgeschossen und die Station zum größten Teil zerstört wurde.

Darüber, dass möglicherweise ein Weltraumkrieg auf dem Mond stattgefunden hatte, erstaunte und erschreckte sich Shural Hun, denn ihr Volk war auf so etwas nie vorbereitet gewesen. Das Flaggschiff ihres Königs war lediglich mit Strahlwerfern zur Abwehr von großen Meteoriten ausgerüstet gewesen.

Auf die Frage nach dem Humanoiden mit der blauen Haut („Skin"), dessen Kopf Leonow zur Erde mitgenommen hatte, antwortete sie, dass sie das Wesen nicht kennen würde. An Bord des Großraumers wären keine Fremden sondern nur Angehörige ihres Volkes gewesen.

Fragen zur „Base", dem „Spire" und den abgeschossenen Shuttles in der Nähe des Schiffes konnte Shural Hun ebenfalls nicht beantworten, da sie sich zu diesem Zeitpunkt schon in der Stasis befunden hatte.

Über die erstaunte Frage, weshalb Shural Huns Spezies über Millionen von irdischen Jahren bei der Besiedelung des Mars geplant hätte, amüsierte sie sich. Die Antwort ergab sich für sie einmal durch die normale Lebenserwartung der einzelnen Individuen ihres Volkes von etwa 800 bis 1000 irdischen Jahren und der bisherigen Evolution von knapp 140 Millionen Jahre. Insgesamt betrachtet hätte ihre Spezies bis zu 600 Millionen Jahre existieren können. Ein Zeitraum, der für die irdischen Militärwissenschaftler absolut nicht nachvollziehbar war.

Weitere Fragen der sie verhörenden Militärexperten drehten sich um die Ausrüstung des großen Schiffes unter anderem auch, ob sich noch andere Shuttles an Bord befinden würden. Das konnte sie jedoch nicht beantworten, gab aber an, dass außer den beiden abgestürzten Shuttles im Normalfall 10 weitere Kleinraumschiffe in den Hangars stehen müssten, sofern sie nicht eingesetzt worden waren. Insgesamt wären sechs Hangars mit jeweils zwei großen Shuttles vorhanden gewesen.

Natürlich gab es noch viele Fragen technischer, politischer und anderer Fachgebiete. Die Ergebnisse der Verhöre und Untersuchungen füllen tausende von Seiten in zusammengefassten Reports. Doch alle Informationen und mitgebrachten Proben sind ultrageheim und in diversen Tresoren eingelagert. Niemand, bis auf wenige Eingeweihte, darf das Material einsehen.

## Nachwort

Obwohl bei allen Exkursionen die Kameras der Astronauten mitgelaufen sind, gibt es noch keine weiteren Videos über diese Mondlandung. Noch immer ist die Apollo 20-Mission als „Ultra Top Secret" deklariert. Lediglich durch versteckt gehaltenes Filmmaterial der Mission von William Rutledge sind einige Gegebenheiten bekannt geworden.

Neuerdings gibt es diverse Spekulationen im Internet über die Notlandung oder Absturz des großen Schiffes, jedoch fehlen dafür die entsprechenden Berichte, denn alles, was darüber veröffentlicht ist, wird von der NASA und den informierten US-Behörden vehement dementiert. Da gleiche gilt für die russischen Behörden, die involviert waren.

Die Beweise und Hintergrundinformationen aus qualifizierten Quellen liefern aber deutliche Fakten!

Aufgrund meiner eigenen hochwertigen Grafikprogramme und meiner diversen Möglichkeiten zur Manipulation von Bildern bin ich Profi bei der Untersuchung von Fotos aus dem Internet und YouTube-Clips. Aus der Erfahrung meines jahrelangen BW-Einsatzes in der elektronischen Kampfführung, Arbeit mit speziellen Grafik-Programmen und meiner Kenntnis als Elektronik- und Informatikspezialist habe ich die Videoclips von William Rudledge genauestens untersucht. Einige der Clips (z. B. das Video mit der „City" und Teile von einigen der anderen Videos) haben sich als eindeutige Fälschung erwiesen, so wie William Rudledge befürchtet hat, dass man seine Clips und seine Informationen von gewissen Behörden mit Fälschungen versehen und erweitern werde. (Das trifft auch auf die im Internet veröffentlichten Interviews zu.) Die wichtigsten Videos von Apollo 20, die ich mehrfach überprüft habe, sind jedoch zweifelsfrei echt. Auf die Einzelheiten meiner Untersuchungen will ich hier nicht eingehen, denn darum geht es nicht sondern um die Tatsache, dass Apollo 20 eindeutige Realität ist. Zudem habe ich aus eignen qualifizierten Quellen zusätzliche Informationen erhalten, die das Videomaterial von William Rudledge bestätigen und seine Berichte zu Apollo 20 erweitern.

*Hartmut Großer*

# Quellenangaben der Texte

**Internetlinks**

http://de.wikipedia.org/wiki/Aggregat_4

http://de.wikipedia.org/wiki/Alexei_Archipowitsch_Leonow

http://de.wikipedia.org/wiki/Apollo_15

http://de.wikipedia.org/wiki/Apollo-Programm

http://de.wikipedia.org/wiki/Apollo-Sojus-Test-Projekt

http://de.wikipedia.org/wiki/Area_51

http://de.wikipedia.org/wiki/Baikonur#Das_Kosmodrom

http://de.wikipedia.org/wiki/Cape_Canaveral_Air_Force_Station

http://de.wikipedia.org/wiki/Fieseler_Fi_103

http://de.wikipedia.org/wiki/Flettner_Fl_282

http://de.wikipedia.org/wiki/Gemini-Programm

http://de.wikipedia.org/wiki/Genesis_Rock

http://de.wikipedia.org/wiki/Luna-Programm

http://de.wikipedia.org/wiki/Lunar_Orbiter

http://de.wikipedia.org/wiki/Lunar_Roving_Vehicle

http://de.wikipedia.org/wiki/Lunik-Mission

http://de.wikipedia.org/wiki/Lunochod

http://de.wikipedia.org/wiki/Mare_Imbrium

http://de.wikipedia.org/wiki/Mercury-Programm

http://de.wikipedia.org/wiki/Mondlandung

http://de.wikipedia.org/wiki/N1_(Rakete)

http://de.wikipedia.org/wiki/Ranger_(Raumsonden-Programm)

http://de.wikipedia.org/wiki/Saturn_(Rakete)

http://de.wikipedia.org/wiki/Sowjetische_Raumfahrt

http://de.wikipedia.org/wiki/Sowjetisches_bemanntes_Mondprogramm

http://de.wikipedia.org/wiki/Surveyor

http://de.wikipedia.org/wiki/Vandenberg_Air_Force_Base

http://de.wikipedia.org/wiki/Woodpecker_(Kurzwellensignal)

http://en.wikipedia.org/wiki/Balkhash_Radar_Station

http://en.wikipedia.org/wiki/Crawler-transporter

http://en.wikipedia.org/wiki/Dnestr_radar

http://en.wikipedia.org/wiki/Dunay_radar

http://en.wikipedia.org/wiki/Main_Space_Intelligence_Centre

http://en.wikipedia.org/wiki/Moon_landing

http://en.wikipedia.org/wiki/Papoose_Lake

http://en.wikipedia.org/wiki/Soviet_space_program

http://en.wikipedia.org/wiki/Vandenberg_AFB_Space_Launch_Complex_4

http://en.wikipedia.org/wiki/Vandenberg_Air_Force_Base

http://geeknewsnetwork.net/2013/05/06/conspiracy-weekly-1962-mars-landing/

http://lexikon.astronomie.info/mond/monderforschung2.html

http://revver.com/u/retiredafb/

http://russischemondlandung.beepworld.de/n1.htm&h=239&w=337&tbnid=p7Hih1b-gZKTWM:&zoom=1&tbnh=90&tbnw=127&usg=__UF0g2ihAzr-0w9rZ317H9xSaLag=&docid=Dc9PLJ-GgWpdDM&sa=X&ei=ItrpU-PxBYHLOOf9gfgJ&ved=0CDoQ9QEwBA&dur=251

http://www.astronautix.com/fam/lenicles.htm&prev=/search%3Fq%3Dlenticular%2Breentry%2Bvehicle%26biw%3D1280%26bih%3D646

http://www.ausairpower.net/APA-Rus-ABM-Systems.html#mozTocId897746

http://www.fallwelt.de/dokumente/lacertainfo.htm

http://www.google.de/imgres?imgurl=http%3A%2F%2Fwww.raumfahrer.net%2Fraumfahrt%2Fraketen%2Fimages%2Fn1_triebwerke.jpg&imgrefurl=http%3A%2F%2Fwww.raumfahrer.net%2Fraumfahrt%2Fraketen%2Fn1.shtml&h=513&w=405&tbnid=Pi2qDjw17l9KM%3A&zoom=1&docid=0TWL6Ei4KFc7MM&ei=SBUhVK6TIc3jaLyOgEA&tbm=isch&iact=rc&uact=3&dur=2070&page=3&start=50&ndsp=29&ved=0CMQBEK0DMDU

http://www.google.de/imgres?imgurl=http%3A%2F%2Fwww.thelivingmoon.com%2F45jack_files%2F04images%2FKrug%2FWoodpecker_001.png&imgrefurl=http%3A%2F%2Fwww.thelivingmoon.com%2F45jack_files%2F03files%2FRussian_Bases_Woodpecker_Duga_Radar_Ukraine.html&h=600&w=900&tbnid=qkhultXBg5iThM%3A&zoom=1&docid=tCJmYod4AkBWeM&ei=V9fpU4rnC4jjPJ6LgcAG&tbm=isch&iact=rc&uact=3&dur=5422&page=2&start=12&ndsp=17&ved=0CEYQrQMwDA

http://www.military.com/Content/MoreContent/%3Ffile%3DPMsaucer&usg=ALkJrhjH7uvDSmOy7ewMutxnFEi64dj95w

http://www.paranormal.de/paramirr/u.html#14

http://www.zeitklicks.de/brd2/zeitklicks/zeit/wissenschaft/ab-insweltall/die-bemannte-raumfahrt-der-amerikaner/

https://www.google.de/#q=moon+wikipedia

https://www.google.de/#q=super+guppy

www.angelismarriti.it/ANGELISMARRITI-ENG/REPORTS_ARTICLES/Apollo20-InterviewWithWilliam

www.fast-geheim.de/html/alternative3-5.html

www.globalsecurity.org/space/facility/vafb.htm

**Filme und Dokumentationen**

| | |
|---|---|
| Kosmodrom | (Space: Entdecke den Weltraum) |
| Der Mond-Was passiert mit ihm? | (Space: Entdecke den Weltraum) |
| UFOs | (Space: Entdecke den Weltraum) |
| Zielort Mars | (Space: Entdecke den Weltraum) |
| Erkundung vom Mars | (Space: Entdecke den Weltraum) |
| Er eroberte den Weltraum | (Space: Entdecke den Weltraum) |
| Space Race | NDR/Das Erste |
| Diverse Dokumentationen | You Tube/William Rudledge |

**Bücher**

Nicolson Moore: Das Universum, Gütersloh, 1987

Berlitz/Moore: Der Roswell-Zwischenfall, Gütersloh, 1995

Buttlar, Johannes v.: Die Außerirdischen von Roswell, Augsburg, 2004

Bärwolf, Adalbert: Die Marsfabrik, München, 1995

Büdeler, Werner: Geschichte der Raumfahrt, Künzelsau, 2003

Jesco v. Puttkammer: Jahrtausendprojekt Mars, München, 1996

Buttlar, Johannes v. : Leben auf dem Mars, München 1987

Davis, Dan: Nationale Sicherheit, Fichtenau, 2005

Buttlar, Johannes v.: Sie kommen von fremden Sternen, Köln, 2002?

Fosar/Bludorf: Top Secret, Markoberdorf, 2009

Popowitsch, Marina: UFO Glasnost, Augsburg, 1995

Steckling, Fred & Glen: Wir entdeckten außerirdische Basen auf dem Mond, Rottenburg, 1996

Großer, Hartmut: Eigene Quellen

# Quellenangaben der Bilder

Titel01: Hartmut Großer

Titel02: YouTube

Titel03: http://www.google.de/imgres?imgurl=https%3A%2F%2Fupload.wikimedia.org%2Fwikipedia%2Fcommons%2F1%2F13%2FApollo_17_The_Last_Moon_Shot_Edit1.jpg&imgrefurl=https%3A%2F%2Fen.wikipedia.org%2Fwiki%2FSaturn_V&h=816&w=1024&tbnid=iO0bKPtByCihrM%3A&zoom=1&docid=BovAe54PfYQkeM&ei=SfilVdmJOMyXsgHTj4XQDA&tbm=isch&iact=rc&uact=3&dur=1310&page=1&start=0&ndsp=27&ved=0CEcQrQMwBmoVChMImdLX_rvcxgIVzIssCh3TRwHK; NASA; Gemeinfrei

Abb.1: Google Earth; 2009 GeoBasis-DE/BKG; Gemeinfrei

Abb. 2: http://commons.wikimedia.org/wiki/V-1?uselang=de#/media/File:V-1_cutaway.jpg; U.S. Air Force; Gemeinfrei

Abb. 3: http://commons.wikimedia.org/wiki/Category:V-2_missiles?uselang=de#/media/File:Bundesarchiv_RH8II_Bild-B0788-42_BSM,_Peenem%C3%BCnde,_Startvorbereitungen_V2.jpg; Bundesarchiv RH8II Bild-B0788-42 BSM; CC BY-SA 3.0 de

Abb. 4: https://upload.wikimedia.org/wikipedia/commons/d/dc/Horten_Ho9.jpg; Unknown, US-Gov., Gemeinfrei

Abb. 5: Google Earth; 2015 Digital Globe; Gemeinfrei

Abb. 6: Google Earth; 2015 Digital Globe; Gemeinfrei

Abb. 7: YouTube

Abb. 8: YouTube

Abb. 9: YouTube

Abb. 10: YouTube

Abb. 11: http://commons.wikimedia.org/wiki/Category:Mare_Imbrium? uselang=de#/media/File:Mare_Imbrium_(LRO).png; NASA; Gemeinfrei

Abb. 12: http://de.wikipedia.org/wiki/NASA#/media/File:NASA_logo.svg; NASA; Gemeinfrei

Abb. 13: http://de.wikipedia.org/wiki/Mercury-Programm#/media/File:Mercury_Capsule2.jpg; NASA; Gemeinfrei

Abb. 14: https://upload.wikimedia.org/wikipedia/commons/d/de/Gemini_7_in_orbit_-_GPN-2006-000035.jpg; NASA; Gemeinfrei

Abb. 15: https://upload.wikimedia.org/wikipedia/commons/6/63/Ranger_4_Sonde.jpg; unbekannt; Gemeinfrei

Abb. 16: http://de.wikipedia.org/wiki/Surveyor#/media/File:Surveyor_mockup.jpg; NASA; Gemeinfrei

Abb. 17: https://upload.wikimedia.org/wikipedia/commons/f/f9/Lunar_Orbiter.jpg; NASA; Gemeinfrei

Abb. 18: http://de.wikipedia.org/wiki/Apollo-Programm#/media/File:Apollo_program_insignia.png; NASA; Gemeinfrei

Abb. 19: https://upload.wikimedia.org/wikipedia/commons/b/bb/Kennedy_Giving_Historic_Speech_to_Congress_-_GPN-2000-001658.jpg; NASA; Gemeinfrei

Abb. 20: http://commons.wikimedia.org/wiki/Saturn_(rocket)?uselang=de#/media/File:Ksc-69pc-442.jpg; NASA; Gemeinfrei

Abb. 21: http://commons.wikimedia.org/wiki/Category:Apollo_missions#/media/File:Docking_ascent_stage_to_CSM.jpg; NASA; Gemeinfrei

Abb. 22: http://de.wikipedia.org/wiki/Apollo-Programm#/media/File: Apollo_11_insignia.png; NASA; Gemeinfrei

Abb. 23: http://de.wikipedia.org/wiki/Apollo-Programm#/media/File:AP12goodship.png; NASA; Gemeinfrei

Abb. 24: http://de.wikipedia.org/wiki/Apollo-Programm#/media/File:Apollo_13-insignia.png; NASA; Gemeinfrei

Abb. 25: http://de.wikipedia.org/wiki/Apollo-Programm#/media/File:Apollo_14-insignia.png; NASA; Gemeinfrei

Abb. 26: http://de.wikipedia.org/wiki/Apollo-Programm#/media/File:Apollo_15-insignia.png; NASA; Gemeinfrei

Abb. 27: http://de.wikipedia.org/wiki/Apollo-Programm#/media/File:Apollo-16-LOGO.png; NASA; Gemeinfrei

Abb. 28: http://de.wikipedia.org/wiki/Apollo-Programm#/media/File: Apollo_17-insignia.png; NASA; Gemeinfrei

Abb. 29: http://de.wikipedia.org/wiki/Wostok_(Raumschiff)#/media/File:Vostok_spacecraft.jpg; de:Benutzer:HPH; CC BY-SA 3.0

Abb. 30: https://upload.wikimedia.org/wikipedia/commons/4/4c/Leonow%2C_Alexei.png; NASA; Gemeinfrei

Abb. 31: http://de.wikipedia.org/wiki/Lunik-Mission#/media/File: Lunik_3.jpg; NASA; Gemeinfrei

Abb. 32: https://upload.wikimedia.org/wikipedia/commons/8/8a/Luna-9.jpg; NASA; Gemeinfrei

Abb. 33: http://de.wikipedia.org/wiki/Lunochod_1#/media/File: Lunokhod_1_moon_rover_(MMA_2011)_(2).JPG; Armael; Gemeinfrei

Abb. 34: YouTube

Abb. 35: YouTube

Abb. https://upload.wikimedia.org/wikipedia/commons/7/71/MondraumLOK.jpg; Eberhard Marx; CC BY 3.0

Abb. 37: https://upload.wikimedia.org/wikipedia/commons/0/0f/MondlanderLK.jpg; Eberhard Marx; CC BY 3.0

Abb. 38: https://upload.wikimedia.org/wikipedia/commons/f/f5/Sow.Mondraumschiff.jpg; Eberhard Marx; CC BY 3.0

Abb. 39: https://upload.wikimedia.org/wikipedia/commons/a/ae/DUGA_Radar_Array_near_Chernobyl%2C_Ukraine_2014.jpg; Ingmar Runge; CC BY 3.0

Abb. 40: https://en.wikipedia.org/wiki/Dnestr_radar#/media/File:Hen_house_radar.JPEG; Unbekannt; Gemeinfrei

Abb. 41: http://en.wikipedia.org/wiki/A-35_anti-ballistic_missile_system#/media/File:Doghouse_dunay3_kh7_receiver.jpg; US gov - declassified KH-7 satellite images, mission 4038; Gemeinfrei

Abb. 42: http://de.wikipedia.org/wiki/Liste_der_k%C3%BCnstlichen_Objekte_auf_dem_Mond#/media/File:Moon_landing_map.jpg; NASA; Gemeinfrei

Abb. 43: http://commons.wikimedia.org/wiki/Apollo_15?uselang=de#/media/File:Apollo_15_crew.jpg; NASA; Gemeinfrei

Abb. 44: http://commons.wikimedia.org/wiki/Apollo_15?uselang=de#/media/File:Apollo_15_Lunar_Rover_final_resting_place.jpg; NASA/Dave Scott; Gemeinfrei

Abb. 45: http://commons.wikimedia.org/wiki/Apollo_15?uselang=de#/media/File:Apollo_15_launch_medium_distance.jpg; NASA; Gemeinfrei

Abb. 46: http://commons.wikimedia.org/wiki/Category:Mare_Imbrium? uselang=de#/media/File:Mare_Imbrium_(LRO).png; NASA; Gemeinfrei

Abb. 47: http://de.wikipedia.org/wiki/Lunar_Roving_Vehicle#/media/File:NASA_Apollo_17_Lunar_Roving_Vehicle.jpg; NASA; Gemeinfrei

Abb. 48: http://de.wikipedia.org/wiki/Verschwörungstheorien_zur_Mondlandung#/media/File:Apollo-17_LM_Challenger_liftoff_2.jpg; NASA; Gemeinfrei

Abb. 49: http://de.wikipedia.org/wiki/Apollo_15#/media/File:Apollo_15_descends_to_splashdown.jpg; NASA; Gemeinfrei

Abb. 50: https://upload.wikimedia.org/wikipedia/commons/0/0d/Apollo_15_Genesis_Rock.jpg; NASA; Gemeinfrei

Abb. 51: YouTube

Abb. 52: YouTube

Abb. 53: YouTube

Abb. 54: YouTube

Abb. 55: YouTube

Abb. 56: YouTube

Abb. 57: YouTube

Abb. 58: YouTube

Abb. 59: https://upload.wikimedia.org/wikipedia/commons/a/a9/ASTP_patch.png; NASA; Gemeinfrei

Abb. 60: https://upload.wikimedia.org/wikipedia/commons/9/94/Soyuz_TMA-3_launch.jpg; NASA; Gemeinfrei

Abb. 61: http://de.wikipedia.org/wiki/Apollo-Sojus-Test-Projekt#/media/File:Apollo-Soyuz_Test_Project_Saturn_IB_launch.jpg; NASA; Gemeinfrei

Abb. 62: http://commons.wikimedia.org/wiki/Category:Apollo-Soyuz_Test_Project?uselang=de#/media/File:Portrait_of_ASTP_crews.jpg; NASA; Gemeinfrei

Abb. 63; https://en.wikipedia.org/wiki/Apollo%E2%80%93Soyuz_Test_Project#/media/File:Apollo-Soyuz-Test-Program-artist-rendering.jpg; NASA; Gemeinfrei

Abb. 64: YouTube

Abb. 65: http://de.wikipedia.org/wiki/Cape_Canaveral_Air_Force_Station#/media/File:Cape_Canaveral_Air_Force_Station.jpg; NASA; Gemeinfrei

Abb. 66: http://en.wikipedia.org/wiki/Vandenberg_Air_Force_Base#/media/File:Atlas_missiles_on_alert_at_Vandenberg_Air_Force_Base_-_1960.jpg; United States Air Force - USAF; Gemeinfrei

Abb. 67: https://upload.wikimedia.org/wikipedia/commons/8/8b/Titan_23G_rocket.gif; U.S. federal government; Gemeinfrei

Abb. 68: https://upload.wikimedia.org/wikipedia/commons/c/cf/SLC-4E_%28cropped%29.jpg; SpacecoasterVBG; CC BY-SA 4.0

Abb. 69: http://en.wikipedia.org/wiki/Saturn_V#/media/File:Ap10-KSC-69PC-110.jpg; NASA; Gemeinfrei

Abb. 70: http://commons.wikimedia.org/wiki/Category:Lunar_Roving_Vehicle?uselang=de#/media/File:NTS_-_Apollo_16_astronauts_3.jpg; National Nuclear Security Administration; Gemeinfrei

Abb. 71: http://commons.wikimedia.org/wiki/Category:Crawler-transporters#/media/File:Finished_crawler-transporter_in_1966.jpg; NASA; Gemeinfrei

Abb. 72: http://commons.wikimedia.org/wiki/Category:N941NA_(aircraft)?uselang=de#/media/File:Super_Guppy.jpg; NASA; Gemeinfrei

Abb. 73: http://history.nasa.gov/MHR-5/Images/fig288.jpg; NASA; Gemeinfrei

Abb. 74: http://cnet2.cbsistatic.com/hub/i/r/2009/07/13/f114fe0a-f0fe-11e2-8c7c-d4ae52e62bcc/resize/1170x878/8354bca41c15ef7cffb7821833d774a3/11superguppy.jpg; NASA; Gemeinfrei

Abb. 75: H. Großer;

Abb. 76: YouTube

Abb. 77: YouTube

Abb. 78: YouTube

Abb. 79: YouTube

Abb. 80: YouTube

Abb. 81: YouTube

Abb. 82: YouTube

Abb. 83: YouTube

Abb. 110: YouTube

Abb. 111: YouTube

Abb. 112: H. Großer

Abb. 113: H. Großer

Abb. 114: H. Großer

**Literatur** zu den Rätseln der Geschichte dieser Welt und weiteren faszinierenden Themen finden Sie im Verlagsprogramm des Ancient Mail Verlags:

**Roland Roth**

## Technogötter

### Vorzeitliche Hochtechnologie und verschollene Zivilisationen

ISBN 978-3-935910-88-0, Din A5, Pb., 236 Seiten, 52 s/w-Abb., **€ 16,50**

Wussten Sie, dass die Terrassen von Baalbeck im Libanon als „Wohnsitz der Götter" galten? Ist Ihnen bekannt, dass technische Artefakte und gepflasterte Straßen in uralten Sedimentschichten entdeckt wurden? Wussten Sie von dem rätselhaften und weltweiten Schlangenmythos? Sie dachten, Kolumbus entdeckte Amerika – warum finden sich dann Kopien uralter Karten mit den exakten Umrissen Amerikas und der Antarktis? Wussten Sie, dass in uralten Zeiten Kriege mit modernsten Waffen ausgetragen wurden? Ja, dass frühe Völker wie die Ägypter oder Inkas den Sinn und Zweck fliegender Maschinen erkannten? Ist Ihnen bewusst, dass indische Überlieferungen von hochtechnisierten Zivilisationen berichten, die bereits der Raumfahrt befähigt waren? Hätten Sie gewusst, dass die sagenumwobenen Reiche Mu und Lemuria vielleicht doch nicht nur reine Legenden sind? Und dass die Spuren sowohl auf den Osterinseln, als auch auf Neuseeland und Hawaii zu finden sind? Wussten Sie, dass die Cherubim und Seraphim aus der Bibel fliegende Vehikel einer überlegenen Technologie waren? Als es in Europa nur primitive Menschengrüppchen gegeben haben soll, bauten diese jedoch schon astronomische Monumente mit gigantischen Bausteinen – woher hatten sie dieses Wissen? Wussten Sie, dass in dunkler Vergangenheit tonnenschwere Steinkolosse mit Leichtigkeit bearbeitet und transportiert wurden? Haben Sie schon davon gehört, dass die rätselhafte Megalithkultur auch in Deutschland überaus aktiv war? War Ihnen die nur wenigen Menschen bekannte Tatsache bewusst, dass es Sternentore und Teleportationsgeräte vor undenklichen Zeiten wirklich gab? Sie dachten, dass Gott den Menschen schuf – falsch, denn es steht schon anders in der Bibel, denn Gott war nicht allein. Wussten Sie, dass am Golf von Khambhat in Indien versunkene Städte entdeckt wurden, die wesentlich älter sind als die Kultur der Sumerer? Die Indianer kamen nicht über die Beringstraße auf den amerikanischen Kontinent; wussten Sie das? Ist Ihnen bekannt, dass Atlantis wahrscheinlich nicht nur eine literarische Erfindung ist? Hörten Sie jemals davon, dass die uralten Kulturen durch gewaltige Katastrophen vernichtet wurden . . .?

Solchen und vielen weiteren großen und kleinen Fragen und Rätseln der Geschichte und Gegenwart der Menschheit geht der bekannte Sachbuchautor und Journalist Roland Roth in seinem neuen Buch nach. Und der Autor beweist damit, dass unsere Vergangenheit wesentlich phantastischer war, als wir es heute glauben! Eine Reihe von Fragen der Vergangenheit sind für die Öffentlichkeit gar keine. Sie irrt sich, und das Buch beweist es. Denn es existieren noch immer offene Phänomene, die der Autor in diesem Buch analysiert. Den kritischen Blick verliert er dabei jedoch nie, denn es gibt natürlich auch Experten und solche, die es sein wollen, die Gegenargumente der Schulwissenschaft anführen. Doch stimmen diese bei einer näheren Betrachtung überhaupt? Ja und Nein sagt der Autor und führt den Leser so in eine Welt des Unerklärlichen, die vor Jahrtausenden begann und noch immer existiert.

**Robert M. Schoch, Ph. D.**

## Die vergessene Zivilisation

### Die Bedeutung der Sonneneruption in Vergangenheit und Zukunft

ISBN 978-3-95652-078-5, Din A5, Paperback, 423 Seiten, 25 s/w-Abbildungen, 14 Farb-Abb., **€ 22,80**

Das plötzliche Erscheinen von Zivilisation im Jahre 3.000 v. Chr. stellt nicht das erste Auftauchen einer Zivilisation dar. Eher ist es das erneute in Erscheinung treten einer Zivilisation nach ungefähr 5.000 oder mehr Jahren. Natürlich gibt es erwiesenermaßen eine Kultur in der Zeit von 10.000 v. Chr. bis 9.000 v. Chr., also tausend Jahre früher als die Ägyptische Dynastie und ihre Zeitgenossen in Mesopotamien und dem Industal.

Dieses früheste Erblühen einer Zivilisation wurde im Allgemeinen von der Menschheit vergessen, obwohl Hinweise darauf immer noch in Heiligen Inschriften, überlieferten Legenden und uralten Texten gefunden werden können. Der Garten Eden, Erzählungen über ein Goldenes Zeitalter und Platos Erzählungen über Atlantis könnten alle als Referenz für diese ursprüngliche Zivilisation dienen. Jetzt ist es an der Zeit, ihr Erbe anzutreten.

**Werner Betz**

## Kräfte aus dem Nichts?

### Geheimnisvolle Orte und rätselhafte Energien

ISBN 978-3-95652-056-3, Hardcover, Din A5, 206 Seiten, über 70 Farb-Abb., **€ 19,50**

Warum wurde die Kathedrale von Chartres genau an dem Platz erbaut, an dem sie heute steht und warum finden wir in der Bretagne kilometerlange Reihen von Menhiren, die einst unter großem Aufwand dort errichtet wurden? Wie entstand in einem Megalith-Bauwerk eine Temperatur von 2.000° C, so dass die Oberflächen der Steine verglasen konnten?

Bei diesem Buch handelt es sich um die Geschichte einer Entdeckung. Auf der Suche nach der Ursache der Kräfte, die an besonderen Orten wie Kultstätten oder Wallfahrtsorten wirken, haben Werner Betz und Sonja Ampssler Zusammenhänge aufgedeckt, die nahe legen, dass hier tatsächlich eine Energie im physikalischen Sinn im Spiel ist. Zu diesem Zweck haben sie eine Messmethode entwickelt, mit der sie nachweisen können, dass der Ausschlag einer Wünschelrute nichts mit „Esoterik" zu tun hat, sondern das Ergebnis einer messbaren Kraft ist. Die hierfür benötigten Hilfsmittel sind einfach zu beschaffen und das Verfahren kann von jedermann ohne großen Aufwand angewendet werden. Überraschungen erlebten die beiden auf ihren Reisen in Europa immer wieder vor allem in traditionsreichen Kirchen und Gebäuden, aber auch bei Menhiren, Dolmen und Megalith-Bauten. Damit können sie belegen, was bisher nur vermutet wurde, nämlich dass diese in einem unmittelbaren Zusammenhang mit einer Energie stehen, die von den Menschen vielleicht bald wirtschaftlich genutzt werden kann. Damit kann die so genannte „Freie Energie" von Forschung und Wirtschaft nicht mehr ignoriert werden, denn sie ist mit Instrumenten nachweisbar, womit die Voraussetzung für eine systematische Erforschung und spätere Nutzung dieser Energiequelle gegeben ist.

Der Weg zu dieser Erkenntnis war spannend und hat viele neuen Fragen aufgeworfen und einige davon sogar beantworten können. Alle Schauplätze, an denen die Autoren recherchiert haben, sind durch zahlreiche Fotos dokumentiert und anschaulich vorgestellt.

Was wussten unsere Vorfahren von Energien, die uns heute noch Rätsel aufgeben? Werner Betz und Sonja Ampssler hoffen, dass ihre Erkenntnisse einen Anstoß dafür geben, dass die Wissenschaftler diese Rätsel in absehbarer Zukunft lösen können und das Wissen unserer Ahnen neu entdecken.

**Christian Brachthäuser**

## Marspyramiden und Mondruinen

### Edmond Hamilton (1904-1977), H.P. Lovecraft (1890-1937) und Clark Ashton Smith (1893-1961): Vergessene Pioniere der Paläo-SETI-Hypothese

ISBN 978-3-95652-131-7, Din A5, Paperback, 132 Seiten,
**€ 11,50**

Edmond Hamilton, H.P. Lovecraft und C.A. Smith gehören zweifelsohne zu den Großmeistern der Genres Science-Fiction und Fantastik. Völlig unterschätzt wird dabei ihre Funktion als literarische Wegbereiter der Paläo-SETI-Hypothese und der Suche nach extraterrestrischen Artefakten (SETA) auf Himmelskörpern in unserem Sonnensystem.

Edmond Hamilton, Erfinder der erfolgreichen Weltraumsaga „Captain Future", konstruierte zum Beispiel eine komplexe Kosmologie, nach der die Erde bereits zu prähistorischen Zeiten Besuch einer unbekannten Zivilisation erhielt. Seine „Space Opera" verweist auf urzeitliche Ruinen auf dem Mond und den Trabanten unserer Nachbarplaneten – allesamt Relikte einer sagenhaften Hochkultur aus den Tiefen des Universums.

H.P. Lovecraft wiederum thematisierte in seinen düsteren Erzählungen viele archäologische Mysterien, die auch heute noch Wissenschaftler auf der ganzen Welt faszinieren. Die Spekulationen um versunkene Kulturen wie Atlantis, Lemuria und Mu sowie Rätsel der Astronomie fädelte er geschickt in seinen pseudodokumentarischen „Cthulhu-Mythos" um die Intervention außerirdischer Gottheiten im Verlauf des Erdaltertums ein.

Und Jahrzehnte vor Richard Hoagland und den kontroversen Diskussionen um das „Marsgesicht" und einer vorgeschichtlichen „Mars-Ägypten-Connection" war es Clark Ashton Smith, der in einem eigens kreierten „Mars-Zyklus“ uralte Stufenpyramiden, Obelisken und andere artifizielle Strukturen auf dem Roten Planeten popularisierte.

Wer waren die drei geheimnisvollen Autoren, die in ihren Werken bildgewaltig und mit visionärer Kraft die Idee der Prä-Astronautik vorwegnahmen? „Marspyramiden und Mondruinen“ porträtiert drei außergewöhnliche Schriftsteller und deren Relevanz für die Paläo-SETI-Hypothese.

**Hartmut Großer**

## Waffensystem HAARP

### Das gefährlichste elektronische Werkzeug des irdischen Militärs

ISBN 978-3-95652-263-5, Din A5, Pb., 312 Seiten, 106 s/w-Abb., **€ 18,50**

Offiziell ist das HAARP ein US-amerikanisches ziviles und militärisches Forschungsprogramm, bei dem hochfrequente elektromagnetische Wellen zur Untersuchung der oberen Atmosphäre (insbesondere Ionosphäre) eingesetzt werden. Weitere Forschungsziele sind das Erlangen von Erkenntnisse auf den Gebieten der Funkwellenausbreitung, Kommunikation und Navigation.

Inoffiziell dient es aber ganz anderen Zwecken und mittlerweile gibt es überall auf der Welt diese Anlagen. Zum größten Teil werden sie von den Kriegsmaschinerien der einzelnen Länder und übergreifend von der Hintergrundmacht benutzt.

Dieses Buch zeigt die Entwicklung, die wichtigsten Systeme und deren wissenschaftliches und waffentechnisches Einsatzspektrum.

**Philip Mantle**

## Roswell 1947

### und der Alien Autopsie Film

ISBN 978-3-943565-98-0, DIN A5, Pb, 386 Seiten, 67 s/w-Abb., 22 Farbfotos, **€ 19,50**

Im Juli 1947 ist über der Wüste von Neu Mexico, USA ein unbekanntes Flugobjekt abgestürzt. Handelte es sich wirklich nur um einen Wetterballon oder um ein geheimes Militärprojekt oder etwa um ein UFO aus den Tiefen des Alls? Augenzeugen sind sich sicher, dass ein Raumschiff samt seiner außerirdischen Insassen dort abgestürzt ist und vom Militär geborgen wurde. Dieser Fall ist auch heute noch der berühmteste und rätselhafteste in der Geschichte der UFOS.

1995 wurde dieser Fall plötzlich noch einmal aufgerollt und um ein zusätzliches Mysterium erweitert: der Londoner Geschäftsmann Ray Santilli präsentierte der erstaunten Öffentlichkeit Filmmaterial von dem besagten UFO Absturz, der unter anderem die angeblich echte Autopsie eines außerirdischen Wesens zeigte!

Der Film rief Befürworter und Gegner auf den Plan und wurde zum kontroversesten Film der Welt. Der damalige Chef der Britischen UFO Forschungsgesellschaft, Philip Mantle, machte es sich zur Aufgabe, das Geheimnis hinter dem Film zu ergründen. Zusammen mit einem Team von Kollegen aus aller Welt befragte er Augenzeugen und Beteiligte und holte Expertenmeinungen ein. Hartnäckig recherchierte er 14 Jahre lang, bis er das Geheimnis gelöst hatte.

Und jetzt, nach all den Jahren legt er seinen kompletten und aktualisierten Bericht über den Autopsie Film vor und zwar erstmals auch auf Deutsch!

Mit einem Vorwort der deutschen Ausgabe von Alexander Knörr

**Hartmut Großer**

## Der Geheime Krieg

### Ursprung und Absicht der strategischen Weltraumverteidigung

ISBN978-3-95652-181-2, Din A5, Pb.,
264 Seiten, 138 Farb-Abb., **€ 19,50**

Auch als eBook erhältlich!

Mitte der 1980er Jahre legte Präsident Ronald Reagan nach dem vermeintlichen Scheitern seines „Star Wars Programms" den Grundstein zu einem weitaus größeren Projekt; einem Weltraumverteidigungsprogramm enormen Ausmaßes, das ohne Wissen der Weltbevölkerung durchgeführt wird.
Dieses Programm ist mit seinen Optionen in der Lage, einen Krieg heraufzubeschwören, der die gesamte Menschheit vernichten kann.
Dieses Buch zeigt die technologischen Abläufe und Einsatzkonzepte in den einzelnen Bereichen, angefangen von der Entstehung in Deutschland, über die Entwicklung in den USA/UdSSR bis hin zum heutigen weltweiten Stand.

---

**Unsere Geschichte ist voller Rätsel –**
**Wir wollen helfen, sie zu lösen !**

Bücher und Informationen zu den Themenkreisen Archäologische Rätsel dieser Welt, Paläo-SETI, Grenzwissenschaften, Sagen und Mythen.

Fordern Sie einfach *kostenlose* weitere Informationen an – per Postkarte, Fax, Telefon oder eMail beim

**Ancient Mail Verlag • Werner Betz**
Europaring 57, D-64521 Groß-Gerau
Tel. (00 49) 61 52 / 5 43 75, Fax (00 49) 61 52 / 94 91 82
eMail: ancientmail@t-online.de
www.ancientmail.de